AI시대 바둑을 파헤친다!

최강 입문

AI시대 바둑을 파헤친다!

최강 입문 1. 규칙편

2판 1쇄 발행 2025년 6월 15일

감　수	진동규
지은이	이하림
발행인	조상현
마케팅	조정빈
발행처	더디퍼런스

등록번호	제2018-000177호
주소	경기도 고양시 덕양구 큰골길 33–170(오금동)
문의	02-712-7927
팩스	02-6974-1237
이메일	thedibooks@naver.com
홈페이지	www.thedifference.co.kr

독자여러분의 소중한 원고를 기다리고 있습니다. 많은 투고 부탁드립니다.

ISBN 979-11-6125-543-9 13690

더디퍼런스 출판사는 다른 시선으로 세상을 담는 책을 만듭니다.

AI 최강 바둑

AI시대 바둑을 파헤친다!

최강입문

이하림 지음 · 진동규 감수

1. 규칙편

더디퍼런스

들어가는 말

바둑은 바둑판과 바둑돌만 있으면 손쉽게 즐길 수 있는 취미문화입니다. 인터넷으로 바둑을 둔다면 이런 도구도 필요 없지요. 화면이 모든 걸 대신할 테니까요. 바둑판에는 361개의 교차점이 있습니다. 점과 점이 만나면 선이 되고 선과 선이 만나면 공간이 이루어집니다. 공간이 넓혀지면 '판'이 형성되지요. 바둑은 판에 돌을 놓으며 나의 생각을 자유롭게 표현하는 것이죠. 돌과 돌이 충돌하는 판의 공간에 숨어있는 원리를 알면 그에 따라 생각의 틀도 잡힙니다. 그렇다면 원리를 어떻게 배워야 할까요?

많은 입문서들이 단순히 부분 기술을 나열하고 그에 따른 문제들로 치우쳐 있습니다. 그러면 생각의 틀이 한정되고 확장되지 못해 바둑을 두는 초급 단계로 향하는 데 시간이 많이 걸립니다. 초보로 머무는 시간이 오래될수록 바둑이 어렵게 느껴질 수밖에 없지요. 이 책은 부분과 부분을 서로 연계해 입체적인 관계에서 이해의 폭을 넓히도록 구상했습니다. 다시 말해 부분을 관통하는 하나의 원리를 알면 다른 부분에도 적용할 수 있도록 노력했습니다. 그러면 생각하는 틀이 확장되어 저절로 판을 바라보는 힘도 강해진다고 보았지요.

원리를 알고 적용한다는 점에서 이 책은 내용의 전개방식이 독창적이고 체계적입니다. 바둑의 여러 분야를 실전적으로 통합하고 연계해서 일정한 수준까지 거침없이 보여줍니다. 완전 습득하는 데 힘은 들겠지만 안내하는 대로 따라가다 보면 점차 이해도가 높아질 것입니다. 그 바탕에는 항상 상황에 맞는 원리가 길을 인도하는 나침반이 되지요. 설사 어려운 부분이 나와도 초보자의 눈높이에 맞춰 쉽게 설명합니다. 어느 부분은 어렴풋이라도 이해하고 넘어가도 좋습니다. 결국 생각의 힘이 강해지면 자연스럽게 체득할 테니까요.

독창적인 의도에 맞게 책의 구성도 특별합니다. 두 권으로 입문 과정을 마치도록 했는데, 1권은 바둑 규칙, 2권은 바둑 기술에 초점을 두었습니다. 어디까지나 쉽게 이해하면서 전체적인 안목과 부분적인 힘을 기르는 데 심혈을 기울였습니다. 두 권을 끝내고 나면 초급에 성큼 다가설 뿐 아니라 서슴없이 바둑을 둘 수 있지요.

이번에 배우는 1권은 '규칙편'입니다. 바둑은 규칙에서 출발합니다. 규칙을 알아야 바둑을 둘 수 있습니다. 규칙은 여러 분야에 두루 스며들어 있지요. 이런 관점에서 파트를 나누었습니다. 간단히 요약하면, '파트 1'에서는 바둑을 두기 전에 알아야 할 기본 지식을 다룹니다. '파트 2'에서는 바둑을 두기 위해 알아야 할 기본 규칙에 대해 다룹니다. '파트 3'에서는 바둑을 잘 두기 위한 요령인 돌의 강약과 효율에 대해 다룹니다. 바둑은 결국 '집'을 다투는 게임입니다. 이를 염두에 두고 파트 1~3까지는 곳곳에 집에 대해 언급합니다. 바둑은 집을 다투는 가운데 필연적으로 싸움이 일어나며 살고 죽는 문제가 발생합니다. 파트 4, 5는 이와 같은 삶과 죽음에 대해 다룹니다. 세분해서 '파트 4'는 사활, '파트 5'는 수상전에 관한 내용인데 여기에도 기본에서 파생된 몇몇 규칙이 정해져 있습니다.

　전반적으로 파트 1~3까지는 판의 공간을 바라보는 안목을 길러주며, 파트 4~5는 일정한 공간을 분석하는 능력을 길러줍니다. 바둑은 생각하는 게임이라는 면에서, 안목은 우뇌의 세계이고 분석은 좌뇌의 세계이기도 하지요. 이 책을 구성하는 데는 이런 점도 참작했습니다.

　이어지는 2권 '기술편'에서는 1권에서 배운 원리가 기반이 되며 본격적인 초보 기술과 행마에 대해 배웁니다. 더불어 한판의 바둑을 두기 위한 끝내기와 마무리는 어떻게 하는지 초보자의 눈높이에서 다룹니다.

　이 책의 흥미와 짜임새를 더해주는 특징을 덧붙인다면 초보자가 알아둘 용어 설명과 각 파트의 말미에 실은 코너에 있습니다. 필요한 바둑용어는 알기 쉽게 본문 안에 녹여서, 자연스럽게 모양을 보여주며 설명해 현장감을 주었습니다. 각 파트가 끝날 때마다 핵심을 글로 정리해서 되돌아보게 하고, 내용을 이끌어갔던 주요 용어를 눈으로 이해할 수 있게 모양으로 정리해서 생동감을 살렸습니다. 마지막으로 복습 차원에서 생각하며 풀어보는 문제를 실었습니다.

　이 책은 바둑을 강하게 배우려는 입문자와 더불어, 더 이상 기력이 올라가지 못하고 방황하는 초급자에게 권하고 싶습니다. 기력이 그 자리에 머무르는 이유는 생각의 틀이 잡히지 못했기 때문 아닐까요. 바둑만 많이 둔다고 해결되는 문제가 아닙니다. 그런 분들에게도 이 책이 생각의 틀을 잡고 힘을 키우는 계기가 되길 바라는 마음입니다.

이하림

PART 2 바둑을 두기 위한 기본 규칙

PART 5 초보 수상전과 요령

PART 1

바둑이란
무엇인가

동양문화의 유산인 바둑은 오천년의 역사를 가지고 있다고 가정합니다. 유구한 역사만큼 누가 어떻게 만들었는지는 정확하게 알지 못합니다. 그러다보니 몇 가지의 추측성 가설이 나왔습니다.

우선은 요순 창시설이 그동안 가설로 많이 인용되었습니다. 중국의 요 임금과 순 임금이 어리석은 아들인 단주와 상균을 가르치기 위해서 바둑을 창안했다고 합니다. 오늘날 인성교육이라고 해도 좋을 듯하지요.

다음에는 천체관측설이 그럴듯한 가설로 인용되었습니다. 농경사회였던 고대에는 별들의 움직임이 중요했습니다. 그래서 별을 관측하여 별자리를 표시하고 연구하는 도구로 바둑이 발명되었다고 합니다. 바둑판의 구조를 보면 설득력이 있습니다. 판에는 굵은 점이 있는데 별자리를 표시했다고 봅니다. 특히 가운데 점은 천원(天元)이라고 부르는 것만 봐도 하늘과 소통하려는 뜻을 짐작할 수 있습니다. 이에 따르면 판의 모서리인 네 귀는 사계절을 뜻하고, 후일 흑돌과 백돌은 음양의 이치로 확대해석했던 것으로 보입니다.

한편, 바둑의 전래와 관련해서 문화의 전파경로처럼 중국에서 한국, 일본으로 이동한 것이 상식처럼 보이지만, 구체적인 시각으로 인도에서 시작되어 티베트로 들어가 신장(神將)바둑으로 바뀌었고, 이것이 불교와 함께 백제에 들어와 순장(巡將)바둑이 되었다는 설이 있습니다. 이들 각지에 남겨진 유물흔적을 퍼즐로 맞춰본 이론인데, 한국 고유의 순장바둑을 유추해보는 단서가 됩니다.

순장바둑은 16개의 화점(花點)에 흑과 백을 8개씩 배치하고, 흑이 천원에 첫수를 놓은 다음 백이 자유롭게 두기 시작하는 바둑입니다. 그래서 화점바둑이라 부르기도 했죠. 화점은 판의 굵은 점을 말하는데, 과거 우리는 꽃무늬를 그려 넣었기 때문에 붙은 이름입니다. 이와 달리 중국과 일본은 별의 뜻으로 성점(星點) 혹은 성(星)이라고 부릅니다. 중국은 과거 화점이 5개였다고 합니다. 17줄 바둑판을 사용한 티베트는 13개의 화점이 있었죠. 이에 따르면 중국은 서로 2개씩, 티베트는 6개씩 화점에 배치하고 흑이 천원에 첫수를 놓은 다음 백부터 두었다 추정됩니다.

한국에서 바둑을 수용한 일본은 일찍부터 정부가 적극적으로 나서서 육성했습니다. 특히 막부에서 명인 제도를 설립하고, 네 집안을 뽑아 특권을 주며 지원했습니다. 그 결과 정석과 포석이 장착된 자유기법의 새로운 바둑으로 발전했으며, 오늘날에는 한국과 중국도 이렇게 둡니다.

국제경쟁 시대에 한국과 중국이 선두자리를 놓고 치열한 승부를 하면서 이들 두 나라는 바둑을 스포츠로 인정하고 지원합니다. 중국에서는 2010년 광저우 아시안게임에 바둑이 정식종목으로 채택되었는데, 한국이 금메달 3개를 모두 차지했습니다. 2022년 항저우 아시안게임에서도 정식종목으로 채택되어 있습니다. 한국은 전국체전과 소년체전에 바둑이 정식종목으로 채택되어 매년 경기를 치릅니다.

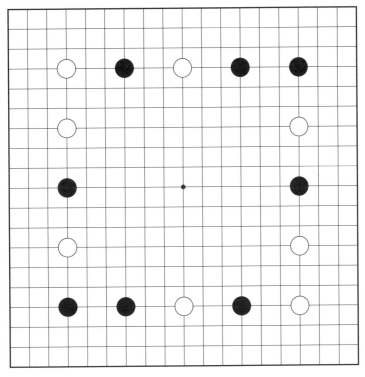

한국 고유의 순장바둑

바둑의 매력

바둑의 규칙은 간단하지만 지금껏 같은 내용의 대국은 한판도 나오지 않았다고 할 정도로 경우의 수가 무궁무진합니다. 어떤 판이든 지나온 길을 되돌아보는 복기(復棋)를 통해 교훈을 얻고 다시 도전하며 나의 의지대로 생각을 마음껏 표출할 수 있는 아주 공정한 게임입니다.

바둑은 서로 손으로 돌을 놓으며 대화를 나눈다고 해서 수담(手談)이라고도 합니다. 어찌 보면 바둑은 예술에 맞닿아 있습니다. 서로 조화롭게 수를 교환하는 과정이 오묘하고 아름답습니다. 좋은 수를 두려면 상대방의 수에 공감하고 상대 편에서 생각하는 습관이 필요하니 소통을 중시하는 사회생활에 큰 도움이 됩니다.

바둑은 다른 스포츠와 비교해서 운이 별로 작용하지 않습니다. 오로지 실력 차를 극복하기 위해 노력을 해야 합니다. 노력해야 향상되는 바둑은 결국 공평성이 보장되며 편법이 통하지 않으니 자기자신과의 싸움을 통해 궁극적인 성취감을 맛볼 수 있습니다.

바둑은 순수하게 어울리면서 즐길 수 있습니다. 바둑을 두면 승부를 만끽하면서 마음이 정화됩니다. 바둑은 인터넷상에서 어느 나라 사람이든 대국이 가능하므로 처음 만난 사람도 곧 친구가 됩니다. 세계가 경쟁하는 시대에 바둑은 인간의 마음을 하나로 연결하니 세계평화에도 기여합니다.

바둑은 근본적으로 파괴가 아니라 서로를 인정하고 소통하며 협상하고 타협하는 게임입니다. 영토의 경계를 다투면서 어디까지 양보하고 받아낼지, 상대를 무조건 잡기보다 살려주면서 어떤 이익을 얻어낼지를 놓고 전략을 겨룹니다. 바둑은 궁극적으로 상생의 게임입니다.

바둑의 가치

교육의 가장 중요한 역할은 인간형성입니다. 인공지능이 지배하는 시대로 흘러갈수록 특히 인성과 사고가 절실합니다. 인성을 키우고 지능 및 정서를 함양하는 데 바둑만큼 좋은 두뇌 스포츠도 없습니다.

바둑은 미래 4차 산업 세대에 필요한 교육과정이 담겨있습니다. 4차 산업 시대에 적응하려면 스스로 생각할 수 있는 힘을 가져야 하는데, 바둑은 저절로 생각의 힘을 키워주죠.

돌을 어디에 놓을지 고민하는 과정에서 사고력이 형성되고, 상대가 두는 수를 해석하면서 논리력을 키울 수 있습니다. 전체 판세를 읽는 과정을 통해 집중력과 창의력이 향상됩니다.

또한 인간이므로 실수도 합니다. 나의 실수로 겸손해지고 상대의 실수로 기회도 생깁니다. 이를 알면 마음을 가다듬을 수 있고 포기하지 않고 기다리는 인내력도 기를 수 있습니다. 대국이 끝나고 복기하면서 인생의 교훈을 얻고 세상의 이치를 배우기도 합니다.

이처럼 바둑은 사회생활을 하는 데 필요로 하는 여러 교육적 요소들을 가지고 있습니다. 나아가 바둑을 배우면 자연스럽게 상식에 의한 삶의 지혜를 얻을 수 있습니다. 인공지능이 학습을 통해 인간의 바둑을 이길 수는 있어도 바둑에 담긴 깨달음을 얻을 수는 없지요.

고령화 시대에 바둑은 최소 비용으로 알찬 여가를 즐길 수 있는 건전하고 바람직한 취미문화입니다. 국가적 재앙으로 다가온 치매의 예방에도 도움이 된다고 합니다.

바둑은 돌로 소통하는 수담

테마 3 바둑을 두기 전의 기본 지식

바둑을 두려면 '바둑판'과 '바둑돌'이 필요합니다. 바둑판 각부의 명칭을
알아야 상대와 소통할 수 있습니다. 바둑은 예술에 근접한 만큼 예절도
중시합니다. 이번 테마에서는 이처럼 바둑을 두기 전에 반드시 담아야
할 상식에 대해 알아봅니다.

① 바둑판

바둑판은 보통 나무로 만드며, 정식 규격은 가로 42cm×세로 45cm로 직
사각형입니다. 그리고 가로 19줄, 세로 19줄로 모두 361개의 교차점을
갖습니다. 교차점 중에는 9개의 굵은 점이 있는데, 이를 '화점'이라 합니
다. 바둑을 처음 배우는 사람이 쉽게 두기 위해 고안된 9줄, 13줄 등의
작은 바둑판이 있기는 하지만, 이는 주로 교육용으로 쓰이죠.

　직사각형의 바둑판에서 긴 쪽을 옆으로 해서 마주보고 앉아 두 사람
이 대국을 하는데, 그런 자세와 거리가 안정감이 있어 수담을 나누기에
좋다고 합니다. 인터넷 바둑에서 사용하는 화면용 바둑판은 사용자에 따
라 크기가 달라지겠지요. 최근에는 고가이지만 인공지능이 탑재된 첨단
바둑판도 개발되어 시판 중에 있습니다.

가로 19줄×세로 19줄=361개 교차점

인공지능 바둑판

② 바둑통과 바둑돌

바둑을 두려면 바둑판과 더불어 바둑돌이 필요합니다. 바둑돌은 바둑통에 담는데, 바둑통은 재질에 따라 다양하며 나무로 만든 원형 통이 전통적입니다. 바둑통의 뚜껑은 돌의 보관과 더불어 대국 중에는 다른 용도로 쓰입니다. 돌을 잡아 바둑판에서 들어내는 행위를 '따낸다'고 하는데, 이렇게 따낸 돌을 바둑통의 뚜껑에 담죠.

바둑돌은 둥글납작한 모양인데 재질은 돌, 사기, 조개껍질, 플라스틱, 인조석 등 다양합니다. 대중용으로는 주로 경질 유리가 사용됩니다.

대국자를 구분하기 위해 바둑돌은 검은 돌과 흰 돌이 있습니다. 검은 돌은 흑돌, 흰 돌은 백돌이라 합니다. 보통 간단하게 흑과 백이라고 부르죠.

바둑판의 교차점이 361개인만큼 바둑돌도 원칙적으로 361개가 필요합니다. 흑이 먼저 두는 것을 감안해 흑돌 181개, 백돌 180개로 구성됩니다. 그러나 실제 게임에서는 모든 교차점을 채우지 않으므로 이보다 적은 돌로도 대국하는 데 지장이 없습니다.

바둑은 두 사람의 대국자 중 실력이 약한 사람이 흑, 실력이 강한 사람이 백을 쥐고 흑이 먼저 두는 것이 원칙입니다.

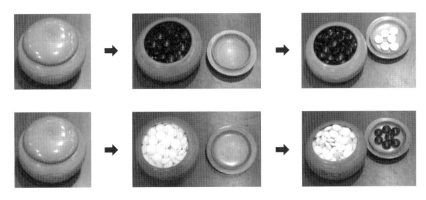

바둑통과 바둑돌(대국이 진행되면서 서로 따낸 돌을 바둑통의 뚜껑에 담는다.)

③ 바둑판 공간의 명칭

바둑판의 공간은 편의상 구역에 따라 고유의 명칭을 사용합니다. 우선 모서리 쪽을 '귀'라고 하는데, 네 군데의 귀가 있습니다. 우측 상단이면 우상귀, 우측 하단이면 우하귀, 좌측 상단이면 좌상귀, 좌측 하단이면 좌하귀라 부릅니다.

다음에 가장자리 쪽을 '변'이라 하는데, 역시 네 군데의 변이 있습니다. 위쪽이면 상변, 아래쪽이면 하변, 오른쪽이면 우변, 왼쪽이면 좌변이라 부릅니다. 마지막으로 가운데 부분을 '중앙'이라 부릅니다.

이런 구역의 정의는 어디부터 어디까지 구체적으로 특정할 수 없고, 보통 상황에 따라 유동적으로 사용합니다.

④ 바둑판 점과 선의 명칭

바둑판의 공간 중에서 9개의 굵은 점은 화점이라고 했습니다. 귀의 화점과 변의 화점이 각각 4개씩이고, 특히 중앙의 한가운데 있는 화점은 '천원'이라고 부릅니다.

바둑판의 선들은 그 위치에 따라 편의상 부르는 명칭이 있습니다. 어느 쪽이든 가장자리 끝부분부터 1선, 2선, 3선, 4선 … 이라고 하는데, 10선이 최대이고 그 이상은 반대편 끝부분에서 따집니다. 그러면 9선, 8선 … 이 되는 것이죠. 한편 1선에서 4선까지는 특별한 호칭이 있습니다. 1선은 '사망선', 2선은 '패망선', 3선은 '실리선', 4선은 '세력선'이라 합니다. 호칭에서도 알 수 있듯이 1선과 2선은 가급적 조심하고, 3선과 4선을 상황에 맞춰 많이 이용하라는 뜻이 담겨 있지요.

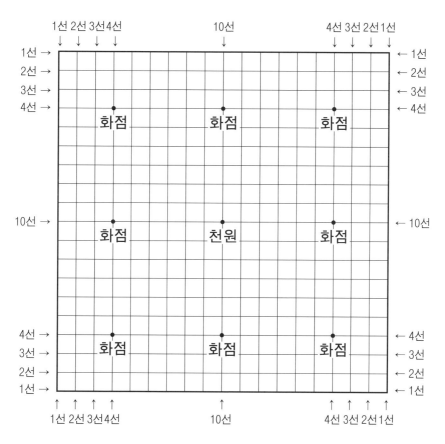

⑤ 바둑은 돌로 소통하는 수담

바둑판에 돌을 놓는 행위를 '둔다'고 합니다. 바둑은 기본적으로 두 사람이 둡니다. 바둑은 손으로 돌을 놓으며 소통합니다. 그래서 '수담'이라고도 하죠. 재미를 위해 다양한 형식의 대국 방법도 있습니다.

페어바둑은 남녀가 한쌍이 되어 대국합니다. 두 사람 이상이 한편이되는 연기(連棋) 대국도 있습니다. 요즘 다양한 방식의 단체대항전도 유행합니다. 바둑TV에서 방영중인 고교동문전과 대학동문전은 대국을 초반, 중반, 종반으로 나눠서 두며 연기 대국도 포함한 다채로운 단체대항전이지요. 또 상담 대국은 한팀이 서로 상의하는 특별한 방식입니다.

아래 그림은 수담에 의해 바둑판에 흑과 백의 돌이 놓인 모습입니다. 이처럼 실제 둔 바둑 내용을 기록한 것을 '기보(棋譜)'라 합니다. 그림은 수순을 표시하지 않은 기보의 예이죠.

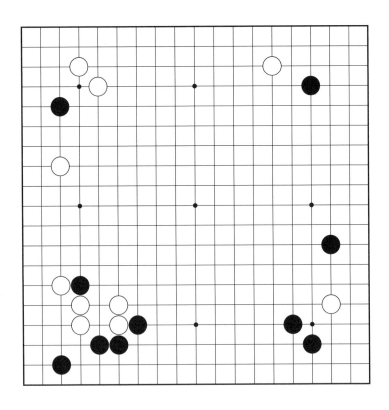

⑥ 흑과 백이 교대로 두는 게임

바둑은 흑을 쥔 사람과 백을 쥔 사람이 한 수씩 교대로 두는 게임이며, 흑부터 시작하는 것이 원칙입니다. 따라서 흑이든 백이든 한 사람이 두 수를 연달아 둔다면 반칙입니다.

아래 그림은 흑1부터 백20까지 교대로 두고 있는 모습입니다. 여기까지는 앞에서 선보인 실전에 수순을 표시한 기보입니다. 참고로 실제로 둔 바둑을 '실전'이라 하고, 바둑판에 놓은 수의 순서를 '수순'이라 합니다. 당장은 이해를 못하더라도 바둑판에 놓인 돌의 숫자를 눈으로 따라가며 음미해보는 것도 바둑과 미리 친숙해지는 방법이겠지요.

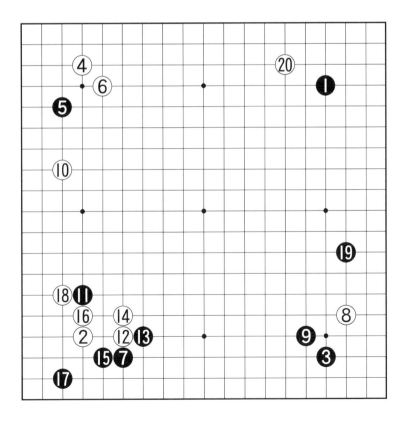

흑과 백이 바둑돌을 놓는 곳은 선과 선의 교차점입니다. 이와 관련해 돌을 놓는 행위를 '착점'이라고도 합니다.

아래 그림의 흑은 모두 착점이 잘못된 예입니다. 우상귀와 상변의 흑은 돌이 네모칸 안에 들어가 있습니다. 우변과 우하귀의 흑은 교차점이 아니라 선 위에 걸쳐있습니다.

백은 모두 올바르게 착점된 모습입니다. 모든 돌이 교차점 위에 정확히 놓인 모습이지요.

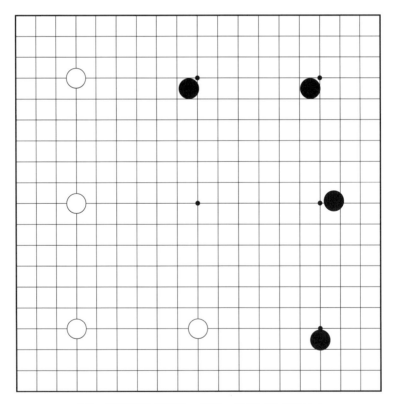

흑은 모두 잘못된 착점이고, 백은 모두 올바른 착점이다.

⑧ 돌을 올바르게 쥐기

요즘은 인터넷바둑이 유행합니다. 인터넷공간에서는 마우스로 클릭만 하면 원하는 위치에 자동적으로 착점이 됩니다. 그러나 인간인 이상 현실공간에서 두는 맛을 인터넷은 따라가지 못하겠지요.

현실에서 바둑을 두는 경우에는 마우스클릭 대신 바둑돌을 쥐고 바둑판에 착점해야 합니다. 그런데 참으로 많은 사람들이 다양한 방법으로 돌을 쥡니다. 바둑은 스포츠로 편입되어 있지만 엄연히 예술에 가깝습니다. 바둑을 예술로 대하는 자세는 돌을 쥐는 데에도 나타납니다. 돌을 쥐는 데는 절대적 규칙이 따로 있지 않지만, 시대와 국적에 관계없이 통용되는 아름다운 자세가 있지요.

자세히 묘사하면 검지가 아래, 중지가 위로해서 그 사이에 돌을 끼워야 자연스럽고 안정감이 생깁니다. 이런 자세로 바둑판에 부드럽게 착점할 때 정확히 교차점에 돌이 놓입니다. 처음에는 생소할 수 있지만 습관이 되면 자연스럽고 편해집니다.

그림 1은 돌을 올바르게 쥐고 있는 모습이고, **그림 2**는 엄지와 검지로 돌을 쥐고 있는 모습으로 잘못된 방법입니다.

그림 1

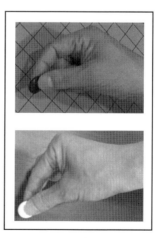

그림 2

⑨ 바둑의 기본예절

기본적으로 바둑은 두 사람이 두므로 항상 상대를 의식하면서 예의를 갖추어야 합니다. 그래야 서로 기분좋게 즐기면서 바둑을 둘 수 있지요.

우선 대국이 시작되기 전에 바둑판을 마주하고 앉은 상태에서 서로 머리 숙여 목례를 합니다. 이때 "잘 두겠습니다" 혹은 "잘 배우겠습니다" 인사를 나누면 화기애애합니다.

대국 중에는 다른 사람과 잡담을 한다거나 두고 있는 수에 대해 의논하지 말아야 합니다. 오로지 지금 두는 바둑에만 집중해야 합니다.

대국 중에는 바둑돌 소리도 삼가 해야 하지만 바른 자세를 유지하는 것도 매너입니다. 다리를 떤다거나 머리를 바둑판에 너무 깊이 숙이는 등 불편한 행동을 보여서는 예의에 어긋나죠.

바둑판에 한번 놓인 돌은 다른 곳으로 움직이면 안 됩니다. 비록 상대방에게 양해를 얻더라도 엄정한 게임이라면 반칙입니다. 이를 '일수불퇴(一手不退)의 원칙'이라고도 하지요. 처음부터 신중히 생각하고 두는 것이 올바릅니다. 바둑은 생각하는 스포츠이니까요.

바둑은 생각하는 게임이지만 지나친 장고(長考)를 예방하기 위해 제한시간을 두었습니다. 요즘은 '생각시간'이라는 공식용어를 사용합니다. 시간을 정하지 않은 친선대국이라도 상식을 벗어나는 일방적인 장고는 상대에게 피해를 줍니다.

대국이 끝나면 바둑돌을 정리한 다음 일어서기 전에 다시 목례를 나눕니다. 이때 "잘 두었습니다" 혹은 "잘 배웠습니다" 마무리 인사를 하면 보기에 좋습니다.

한편 인터넷 바둑에서도 상대방을 직접 마주 대하고 있다고 생각하면 좋은 언어를 사용하면서 예절을 지키는 것이 어렵지 않겠지요.

한 가지 더 첨가하면 보통 바둑은 귀부터 출발하는데, 이때 이왕이면 우상귀부터 두는 것이 상대방에 대한 예의로 알려져 있습니다. 반대로 상대가 흑인 경우 나의 좌하귀에 첫수를 두는 것이죠.

아래 그림은 흑이 우상귀에 첫수를 둔 모습입니다. 구체적으로 첫수를 우상귀 화점에 두었습니다.

⑩ 호선바둑과 접바둑

서로 실력이 비슷한 사람의 대국을 호선(互先)바둑 혹은 맞바둑이라고 합니다. 이때 흑과 백을 정하기 위해 돌가리기를 하죠. '돌가리기'란 한 사람이 백돌을 한웅큼 쥐어 바둑판에 올려놓으면 흑이 1개(홀수) 혹은 2개(짝수)를 올려놓고 서로 짝홀을 맞추는 것입니다. 서로 짝홀이 맞으면 지금 상태로 흑과 백이 결정되고, 엇갈리면 서로 흑과 백을 바꾸죠.

이렇게 흑과 백이 결정되면 흑은 먼저 두는 이점이 있으므로 '덤'이라고 해서 일정한 집을 백한테 미리 제공합니다. 현대바둑은 공식적으로 덤이 한국과 일본은 6.5집, 중국은 7.5집입니다. 여기서 0.5집은 무승부를 방지하기 위한 처방입니다. 서로 실력이 약간 차이가 나면 덤 없이 둘 수 있습니다. 이런 대국을 정선바둑이라 합니다. 물론 실력이 약한 사람이 흑, 강한 사람이 백을 쥐고 두겠지요.

실력 차이가 많으면 약한 사람이 화점에 미리 돌을 놓은 다음 백부터 두는데, 이를 접바둑이라 합니다. 실력 차이가 클수록 미리 놓는 돌수가 늘어나는데 보통 2점에서 9점까지 많이 둡니다. 그이상 넘어가면 바둑의 수가 제한되어 흥미가 떨어지기 때문이죠. 다음 그림들은 2점~9점 접바둑의 배치를 보여줍니다. 접바둑이 있으므로 실력 차이가 나더라도 서로 재밌게 바둑을 즐길 수 있다는 것이 바둑의 매력이기도 합니다.

2점 접바둑

3점 접바둑

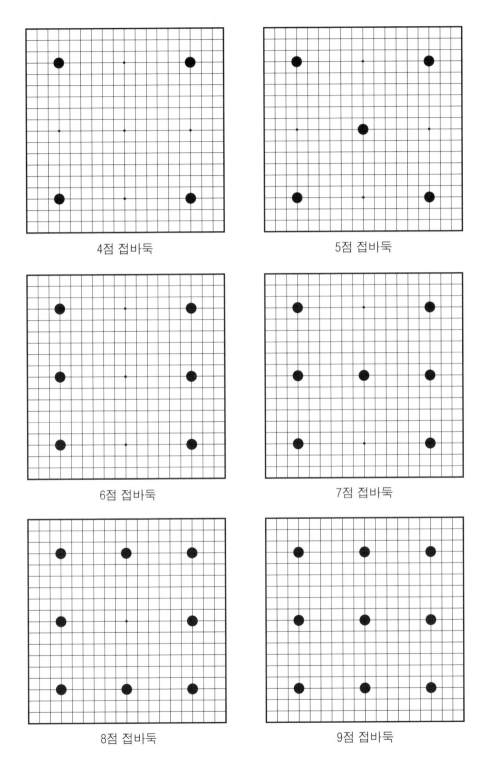

4점 접바둑

5점 접바둑

6점 접바둑

7점 접바둑

8점 접바둑

9점 접바둑

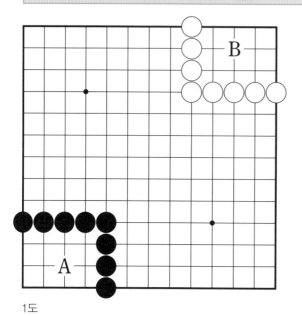

1도

1도 (집이 많으면 이긴다)

바둑은 '집'이 많은 사람이 이기는 게임입니다. 편의 상 13줄 바둑판을 사용해 예를 들겠습니다.

흑이든 백이든 일정한 공간을 둘러싸면 집이 생깁니다. 이에 따르면 좌하귀 A는 흑집이고, 우상귀 B는 백집입니다.

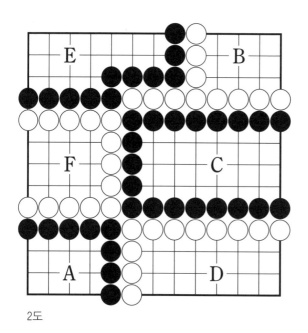

2도

2도 (공간이 크면 이긴다)

이 그림은 바둑판 전체 공간이 흑과 백으로 구분되어 있습니다. 얼핏 주택을 연상해도 좋을 것입니다.

서로 3채씩 갖고 있는 셈인데, A와 B, C와 D는 서로 같은 평수죠. E와 F 는 얼핏 봐도 흑의 공간이 넓습니다.

곧 배우겠지만 자세히 비교하면 흑의 공간이 6집 많습니다.

집은 바둑판의 교차점입니다. 판의 교차점은 19×19＝361, 모두 361 곳입니다. 그러나 이들 공간은 모두 집이 될 수 없습니다. 우리가 집을 지을 때 기둥도 세우고 원하는 곳에 인테리어도 해야 하듯 바둑도 싸움을 하면서 메워지는 공간이 있게 마련이지요. 자연히 남는 공간을 최대한 나의 집으로 만들어야 합니다. 이번 테마에서는 바둑판의 구역에 따라 집이 어떻게 형성되는지, 그리고 서로 집이 아닌 곳인 '공배'에 대해서도 가볍게 알아봅니다.

① 집의 크기는 교차점의 개수

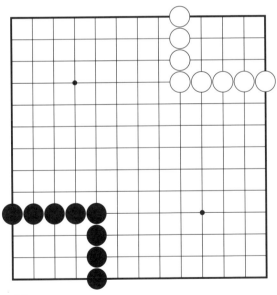

1도

1도 (집의 크기는?)
흑이든 백이든 일정한 공간을 둘러싸면 집이 생긴다고 했습니다.

지금 좌하귀에 흑이 울타리를 쳤고, 백은 우상귀에 울타리를 쳤습니다.

그렇다면 좌하귀 흑집과 우상귀 백집의 크기는 얼마일까요?

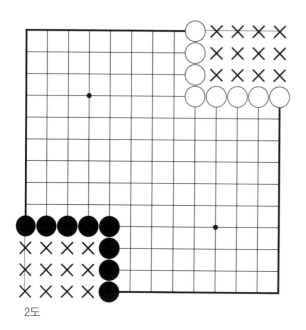

2도

2도 (집은 교차점의 개수)

집의 크기는 교차점의 개수라고 생각하면 됩니다.

보다시피 서로 교차점(×표)이 12개(가로 4×세로 3)이므로 흑 12집, 백 12집이 도출됩니다.

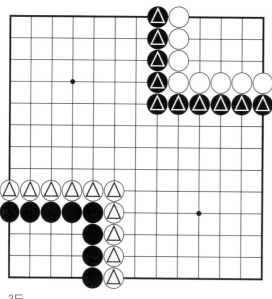

3도

3도 (서로 12집)

흑▲들과 백△들로 흑집과 백집의 울타리를 서로 상대방이 둘러싸도 흑과 백의 집은 변함이 없습니다.

흑과 백의 울타리가 완전해서 다시 계산해도 교차점의 개수는 흑 12집, 백 12집이죠.

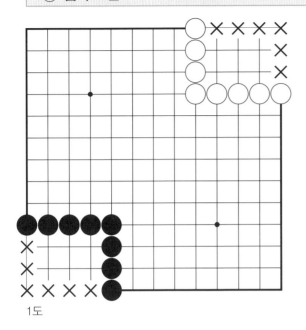

1도

1도 (귀는 울타리가 2군데)

보통 바둑판의 가장자리는 공간을 둘러싼 것으로 간주합니다.

다만 처음에는 누구의 울타리인지는 모르니까 둘러싸는 자가 임자가 되죠.

지금처럼 귀는 흑과 백이 울타리 두 군데만 둘러싸도 소유가 결정되며 가장자리인 ×들도 집으로 체크됩니다. 그래서 흑 12집, 백 12집입니다.

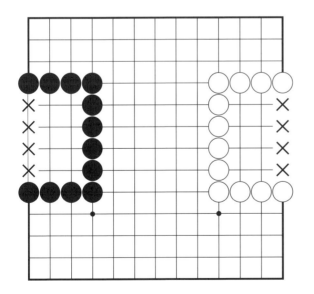

2도

2도 (변은 울타리가 3군데)

지금처럼 변에서 집을 만들려면 세 군데의 울타리가 필요합니다. 한쪽 가장자리는 이미 울타리 역할을 합니다.

역시 ×의 곳은 집으로 체크되며 흑 12집(3×4), 백 12집입니다.

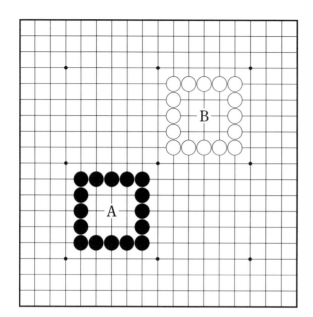

3도

3도 (중앙은 4군데 모두)

지금처럼 중앙이라면 네 군데 모두 울타리를 쳐야 집이 생깁니다.

　A의 흑은 9집(3×3), B의 백도 9집입니다.

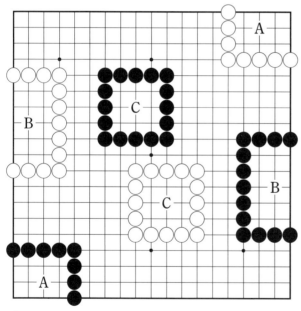

4도

4도 (여러 모양의 집)

이번에는 귀, 변, 중앙의 집을 바둑판에 모두 모아 봤습니다.

　A는 귀의 흑집과 백집이 12집, B는 변의 흑집과 백집이 15집(3×5), C는 중앙의 흑집과 백집이 9집입니다.

　실전이라면 이 외에도 귀와 변, 중앙에서 여러 모양의 집들이 생길 것입니다.

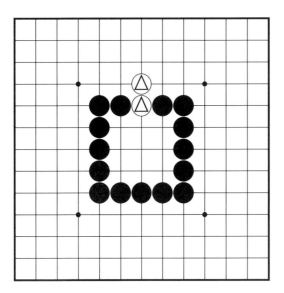

1도

1도 (불완전한 집)

만일 집의 모양에 어느 곳이든 상대의 돌이 진입한 상태라면 완전한 집이 아닙니다.

지금처럼 흑집을 예로 들면 백△로 진입하였으므로 흑은 불완전한 집이죠.

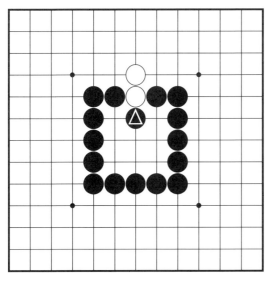

2도

2도 (온전한 집)

다행히 백이 울타리 한쪽에 진입할 때 흑△로 막으면 다시 온전한 집을 만들 수 있습니다.

다만 흑은 흠집이 없을 때보다 1집이 준 8집이 되었죠.

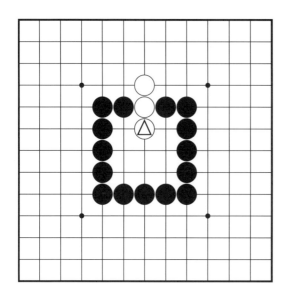

3도

3도 (흑집의 파괴)

이번에는 1도의 장면에서 백△로 상대 집안으로 들어온 경우입니다.

그러면 흑집이 완전히 파괴된 모습입니다.

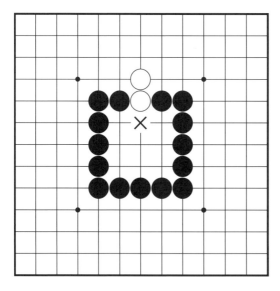

4도

4도 (공배)

그러고 보면 1도의 장면에서 2도와 3도에서 보듯이 ×의 곳은 누가 두든 집이 되는 곳이 아닙니다. 이런 곳을 보통 '공배'라 합니다.

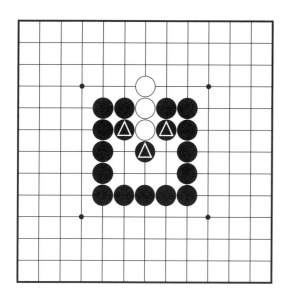

5도

5도 (흑, 5집 만들기)

3도 다음 흑△들로 울타리를 고치면 작게나마 집을 보존할 수 있습니다.

　그러면 흑은 흠집이 없을 때보다 4집이 준 5집이 됩니다.

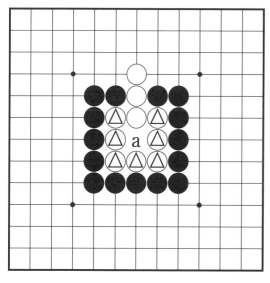

6도

6도 (백, 1집 만들기)

이번에는 백이 △들로 안쪽 공간을 둘러싸면 여기에 a의 1집이 생깁니다.

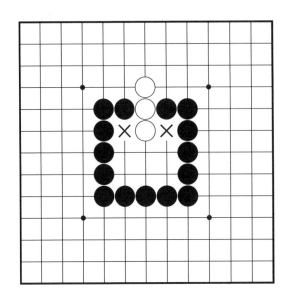

7도

7도 (공배 2곳)

5도와 6도에서 보듯이 누가 두든 ×의 2곳은 공배입니다. 공배는 누구의 집도 아닙니다. 나머지 공간은 흑집이든 백집이든 가능성이 있으므로 아직 공배는 아닙니다.

다만 교대로 두는 만큼 나머지 공간도 일부는 공배 가능성이 높겠지요.

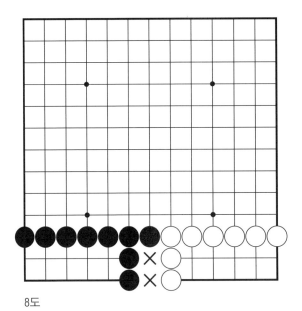

8도

8도 (변에서 공배의 예)

변에서 이런 모양이면 왼쪽은 흑집, 오른쪽은 백집이지만 ×의 2곳은 누가 두든 집이 되지 않습니다. 이런 자리는 확실한 공배가 되죠.

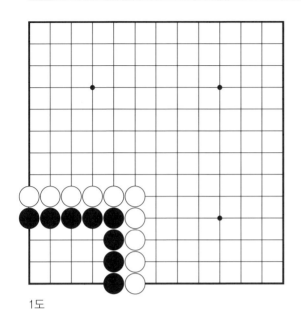

1도

1도 (안심)

지금 흑집은 백이 바깥을 둘러싸도 안심할 수 있습니다.

백이 흑집 안에서 활약할 수 없기 때문입니다.

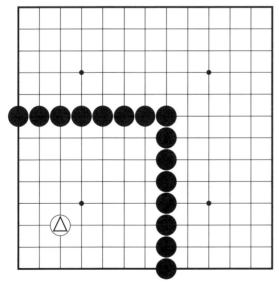

2도

2도 (공간이 넓어 불안)

그런데 지금의 흑은 공간이 넓어서 불안합니다.

안의 모든 교차점이 집이라면 흑이 큰집을 지을 수 있지만, 백△로 풍덩 들어가면 안에서 백이 활개를 칠 수도 있습니다.

그리고 보면 집이란 적당한 크기여야 안심할 수 있겠지요.

테마❶ 문화의 전파경로처럼 한국에서 수용한 일본의 바둑은 정석과 포석이 장착된 자유기법으로 발전했으며, 오늘날에는 한국과 중국도 이렇게 둔다. 국제경쟁 시대에 한국과 중국은 바둑을 스포츠로 인정하며 치열한 승부를 하고 있다. 2010년 광저우 아시안게임의 정식종목인 바둑에서 한국이 금메달 3개를 모두 차지했다. 한국은 전국체전과 소년체전에 바둑이 정식종목으로 채택되어 매년 경기를 치른다.

테마❷ 바둑은 서로 손으로 돌을 놓으며 대화를 나눈다고 해서 수담이라고도 한다. 세계가 경쟁하는 시대에 바둑은 인간의 마음을 하나로 연결하니 세계평화에도 기여한다. 바둑은 인성을 키우고 지능 및 정서를 함양하는 데 좋은 두뇌 스포츠이다. 바둑은 저절로 생각의 힘을 키워준다. 사고력이 형성되고 논리력을 키워주며 집중력과 창의력이 향상된다.

테마❸ 바둑을 두려면 바둑판과 바둑돌이 필요하다. 바둑판은 가로 19줄, 세로 19줄로 모두 361개의 교차점을 갖는다. 바둑돌은 검은 돌과 흰 돌이 있다. 실력이 약한 사람이 흑, 실력이 강한 사람이 백을 쥐고 흑이 먼저 두는 것이 원칙이다. 바둑판의 공간은 귀와 변과 중앙이 있다. 바둑은 흑과 백이 교대로 둔다. 바둑돌을 놓는 곳은 선과 선의 교차점이다. 돌을 쥐는 법은 검지가 아래, 중지가 위로해서 그 사이에 돌을 끼우는 것이 올바르다. 바둑판에 한번 놓인 돌은 다른 곳으로 움직이면 안 된다. 이를 일수불퇴의 원칙이라고도 한다. 서로 실력이 비슷한 사람의 대국을 호선바둑 혹은 맞바둑이라고 한다. 흑은 먼저 두는 이점으로 미리 집을 제공하는데, 이를 덤이라 한다. 실력 차이가 많으면 약한 사람이 화점에 미리 돌을 놓고 백부터 두는데, 이를 접바둑이라 한다. 바둑은 집이 많은 사람이 이기는 게임이다. 일정한 공간을 둘러싸면 집이 생긴다.

테마❹ 집의 크기는 일정한 공간을 둘러싼 교차점의 개수이다. 바둑판의 가장자리는 공간을 둘러싼 것으로 간주한다. 귀는 두 군데, 변은 세 군데, 중앙은 네 군데 모두 울타리를 쳐야 집이 생긴다. 집의 모양에 상대의 돌이 진입한 상태라면 불완전한 집이다. 누가 두든 집이 되지 않는 곳을 공배라 한다. 집은 크면 좋지만 영토가 너무 크면 상대가 들어와서 활개를 치므로 불안한 집이 된다.

모양으로 이해하는 핵심 용어

① 귀

② 변

③ 중앙

④ 착점: 흑1로 놓는 행위

⑤ 호선바둑: 흑부터 둔다.

⑥ 접바둑: 4점의 예(백부터)

⑦ 집: 12집의 예(×의 곳)

⑧ 귀의 집

⑨ 변의 집

⑩ 중앙의 집

⑪ 불완전한 집

⑫ 공배: ×의 곳

생각하며 복습하는 문제

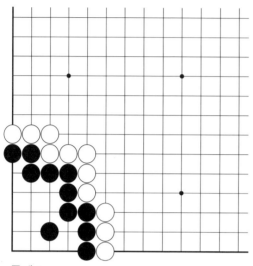

문제 1

▦ 문제 1

영토를 둘러싸고 서로 싸우다 보면 집은 항상 다양한 형태로 완성됩니다.

　다음 흑집의 크기는 몇 집인지 세어보세요. 돌을 하나만 눈으로 옮기면 계산하기 편합니다.

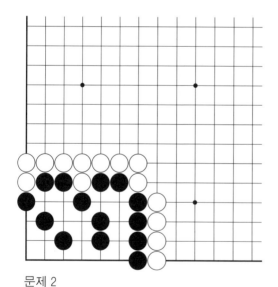

문제 2

▦ 문제 2

집을 계산할 때 크기에 변함이 없는 가급적 반듯한 모양을 가정하면 편합니다.

　다음 흑집의 크기는 몇 집인지 세어보세요.

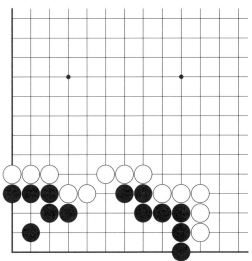

문제 3

▦ 문제 3

귀에서 변으로 펼쳐진 흑집이
아주 허술해 보입니다.

흑집의 단점을 보강해서
완성시켜 보세요. 그리고 완
성된 집은 몇 집일까요?

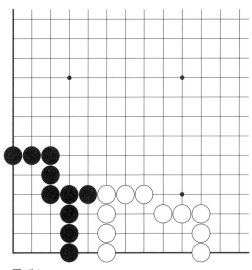

문제4

▦ 문제 4

다음은 흑집과 백집의 모양을
보여줍니다. 누구의 집도 아
닌 곳은 공배입니다.

여기서 공배는 어디인지
표시해보세요.

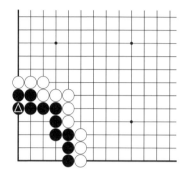

▦ 문제 1 (정답)

안에 있던 흑돌 하나를 ▲로 옮기면 계산하기 좋습니다. 흑집은 14집(3×4+2)입니다.

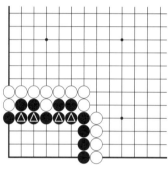

▦ 문제 2 (정답)

그림은 안쪽에 있던 흑돌 4개를 ▲들로 옮긴 모습입니다. 아주 반듯해졌지요. 그런 다음 계산하면 18집(6×3)입니다.

▦ 문제 3 (정답)

허술한 집을 완성시키려면 일단 흑1로 외벽을 막아야 합니다. 다음 백2로 들어오려할 때 흑3에 마저 막으면 완전합니다.

그리고 집을 계산할 때는 흑▲의 돌을 a로 옮기면 편하겠지요. 그렇게 가정하면 흑집은 20집(9×2+2)입니다.

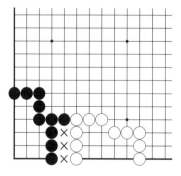

▦ 문제 4 (정답)

공배는 ×의 곳입니다. 이곳 3군데는 누구의 집도 아닙니다.

PART 2

바둑을 두기 위한
기본 규칙

바둑은 집이 많으면 이기는 게임인데, 집을 다투는 가운데 싸움은 필연입니다. 싸움은 결국 돌과 돌의 충돌로 일어나므로 잡고 잡히는 상황이 연출됩니다. 이번 테마에서는 어떻게 돌을 잡는지 알아봅니다.

① 활로 – 돌이 살아가는 길

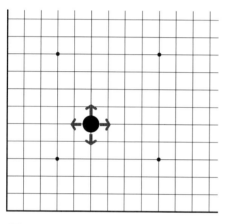

1도

1도 (활로)

생물이 호흡하며 살듯이 바둑판에 놓인 돌도 호흡하며 존재합니다.

기본적으로 돌 하나에는 상하좌우 방향으로 4개의 '호흡점'이 있습니다.

그림에서 보듯이 선을 따라 화살표가 호흡점이죠. 이런 호흡점을 바둑용어로는 '활로'라고 부릅니다.

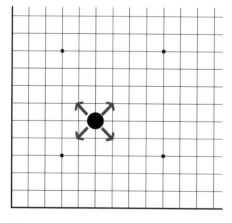

2도

2도 (활로는 돌의 직선 방향)

활로는 돌의 직선 방향이라 정했으므로 그림처럼 대각 방향의 화살표는 활로가 아닙니다.

활로는 놓인 돌에서 가장 가까운 교차점이라 기억하면 좋겠지요.

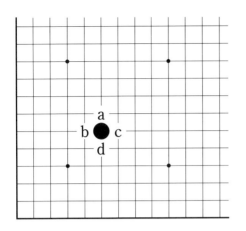

3도

3도 (최단 교차점)

그림의 흑돌에서 최단 교차점이라
면 a, b, c, d의 네 군데입니다.

이 네 군데가 지금 흑 한점의 활
로라 보면 정확합니다.

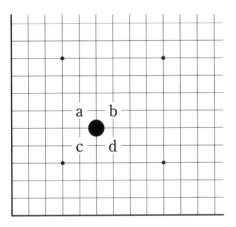

4도

4도 (활로가 아닌 교차점)

그러므로 놓인 돌에서 대각 방향의
교차점은 활로가 아닙니다.

다시 말해 가까운 거리에 있는
교차점이라도 a~d의 네 곳은 활로
가 아니지요.

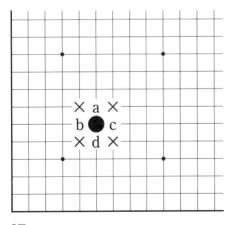

5도

5도 (활로의 정리)

정리하자면 그림의 흑 한점에서 활
로는 a, b, c, d의 네 곳이며, 대각
방향인 ×의 네 곳은 활로가 아닙니
다. 참고로 돌 하나는 '한점'이라고
합니다. 돌이 2개이면 두점이 되겠
지요. 활로는 돌을 잡고 살리는 데
핵심이 되므로 잘 기억해두기 바랍
니다.

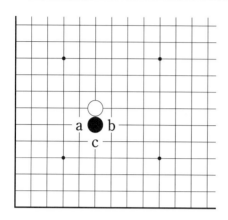

1도

1도 (활로 3군데)

그림은 흑 한점의 위쪽 활로를 백돌이 차단한 장면입니다.

그러면 흑의 활로는 a, b, c의 세 군데로 줄어듭니다.

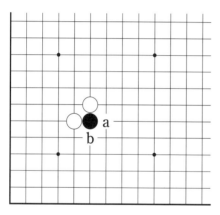

2도

2도 (활로 2군데)

만일 백이 흑의 왼쪽 활로도 차단하면 흑의 활로는 a와 b, 두 군데로 줄어들겠지요.

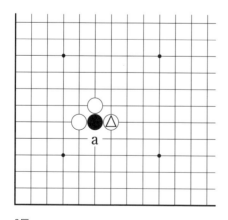

3도

3도 (단수)

그림은 흑의 오른쪽 활로까지 백△로 차단해 흑 한점의 활로는 a만 남은 장면입니다. 흑은 보기에도 매우 답답한 모습이죠.

이처럼 돌의 활로가 하나만 남은 상태를 '단수'라고 합니다. 그리고 백△로 두는 행위를 '단수친다'고 부릅니다. 단수가 되면 돌이 위험에 처했음을 인지해야 합니다.

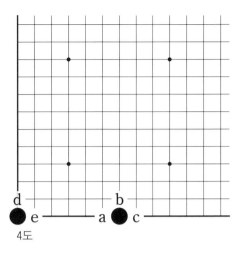

4도

4도 (활로의 조건)

바둑판의 가장자리라면 활로의 조건이 달라집니다.

변에 놓인 흑 한점의 활로는 a, b, c의 3개입니다. 이미 가장자리 1선이 막혀있기 때문이죠. 귀퉁이의 흑 한점은 더더욱 활로가 d와 e의 2개뿐입니다. 가장자리 1선이 양쪽으로 막혀있기 때문이죠.

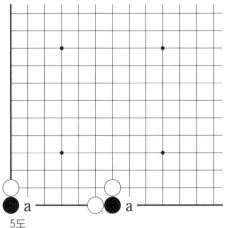

5도

5도 (가장자리에서 단수의 예)

그러므로 백이 가장자리에서는 두 군데, 귀퉁이에서는 한 군데의 활로만 막아도 단수가 됩니다.

이 그림을 보면 알 수 있습니다. 모두 흑의 활로가 a쪽 하나만 남은 상태이기 때문입니다.

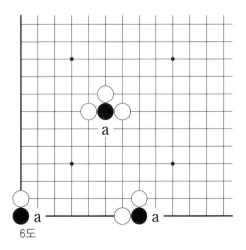

6도

6도 (모두가 단수 상태)

다음은 귀퉁이와 가장자리, 안쪽 공간에서의 단수를 한꺼번에 보여줍니다.

모두 흑 한점의 활로가 a쪽 하나임을 알 수 있습니다.

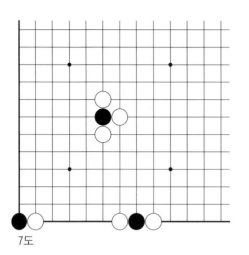

7도

7도 (활로 하나만 남으면 단수)

이 그림도 모두 단수 상태임을 보여줍니다.

활로가 상하좌우 어느 방향이든 하나만 남으면 역시 단수가 되지요.

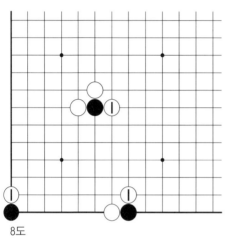

8도

8도 (단수치는 모습)

이번에는 모두 백이 1로 단수치는 모습을 보여줍니다.

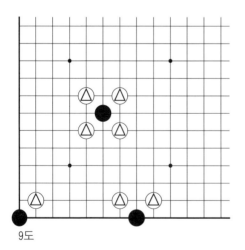

9도

9도 (대각 방향은 활로가 아니다)

참고로 이 그림은 백△들이 모두 흑 한점의 대각 방향에 놓여 있습니다.

물론 직선 방향이 아니므로 흑의 활로는 고스란히 남아 있겠지요.

③ 따냄 – 판에서 돌을 들어내는 경우

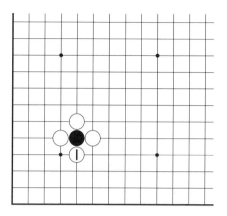

1도

1도 (따냄)

단수 상태에서 마지막 활로까지 차단하면 돌을 잡을 수 있습니다. 특히 활로를 모두 둘러싸서 잡은 경우 '따냄'이라고 합니다. 그림에서 백1로 흑 한점의 마지막 활로를 둘러싸면 따냄이 이루어집니다.

이때 잡힌 흑 한점은 바둑판에서 들어내는 것이 원칙입니다.

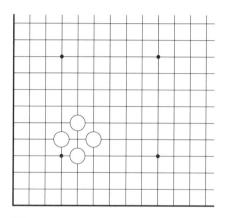

2도

2도 (따낸 결과)

그러면 다음 그림과 같은 결과가 됩니다. 따낸 한점은 나중에 대국이 마무리되고 집을 계산할 때 상대방 집을 메우는 데 사용합니다.

지금은 백이 따냈으므로 상대방 흑집에 메우겠지요. 참고로 용도에 따라 공배나 집에 돌을 채우는 행위를 '메운다'고 표현합니다.

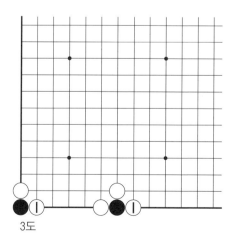

3도

3도 (귀퉁이와 가장자리)

바둑판의 귀퉁이와 가장자리에서는 모두 백1로 활로를 차단하면 따냄이 이루어집니다.

이 경우 바둑판의 1선은 활로를 차단하는 역할을 하지요.

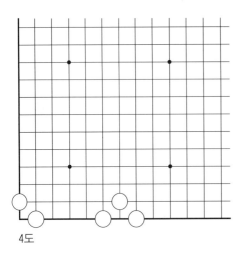

4도

4도 (따낸 결과)

귀퉁이와 가장자리에서 흑 한점을 따내면 이런 결과가 됩니다.

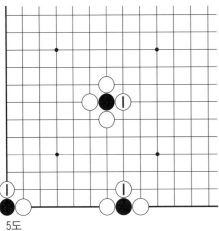

5도

5도 (한점을 따내는 모습)

이 그림도 귀와 변, 중앙에서 모두 백1로 흑 한점을 따내는 모습을 보여줍니다.

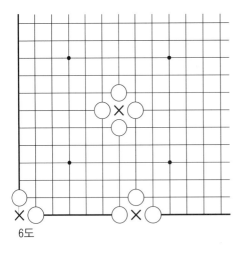

6도

6도 (1집이 생긴 모양)

이 그림은 흑 한점을 따낸 결과입니다. 공간을 둘러싸면 집이 생긴다는 개념을 도입하면 완전무결하지는 않지만 모두 ×의 곳에 백 1집이 생긴 모습입니다.

그리고 백이 1집을 만드는 데 귀는 2개의 돌, 변은 3개의 돌, 중앙은 4개의 돌이 사용되고 있음도 기억해두면 좋습니다. 같은 집을 만드는 데 귀→변→중앙 순으로 효율적임을 어렴풋이나마 짐작하면 좋겠지요.

하나의 돌을 어떻게 잡는지 알았다면, 그 원리를 2개 이상의 돌을 잡는 데도 적용할 수 있습니다. 이와 더불어 이번 테마에서는 돌이 잡히지 않으려면 활로를 어떻게 늘려서 도망가는지도 알아봅니다.

① 돌을 연결하며 활로 늘리기

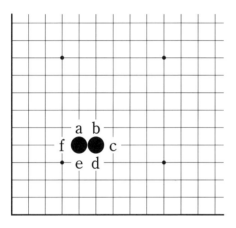

1도

1도 (두점의 활로)

이 그림처럼 완전히 연결된 두점이면 활로는 자동적으로 늘어납니다. 완전히 연결된 돌이란 교차점으로 이어진 모습을 말합니다.

지금은 a~f, 6개의 활로가 생겼습니다. 한점이 활로 4개이므로 2개 늘어난 모습이지요.

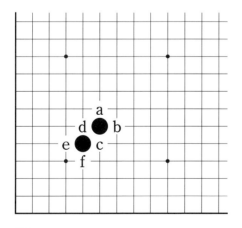

2도

2도 (대각 방향이면 따로 계산)

참고로 두점이 대각 방향이면 완전한 연결이 아니므로 활로의 계산이 달라집니다.

그러면 한점씩 두 군데 놓여 있을 뿐이며, 각각 활로가 a~d, c~f로 4개씩입니다. c와 d의 두 군데는 활로를 공유하는 모습이지요.

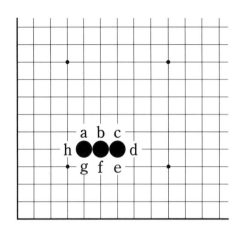

3도

3도 (일렬 석점의 활로)

일렬로 연결된 석점이면 활로가 a
~h의 8개입니다.

이처럼 돌이 늘어나면 활로가 2
개씩 더해짐을 알 수 있습니다.

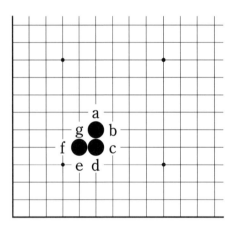

4도

4도 (빈삼각 석점의 활로)

이 그림처럼 석점을 꼬부려서 삼각
형 형태로 연결하면 활로가 a~g의
7개로 줄어듭니다.

바둑용어로는 '빈삼각'이라 부르
는데, 활로가 하나 줄어든 만큼 나
쁜 모양이라 기억해두면 좋습니다.

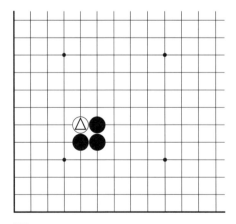

5도

5도 (빈삼각이 아닌 강한 석점)

만일 이런 식으로 상대 백△가 삼
각형의 빈자리에 들어와 있다면 흑
은 빈삼각이 아닙니다.

나중에 배우겠지만 오히려 흑 석
점은 강한 돌이 됩니다. 빈삼각과
아닌 모양을 구별하기 위해 참고로
제시했습니다.

② 연결된 돌을 따내기

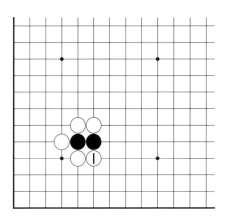

1도

1도 (두점을 따내려면?)

백이 연결된 흑 두점을 따내려면 활로를 막아가며 일단 단수를 칩니다.

이 그림에서는 백1로 단수친 모습입니다.

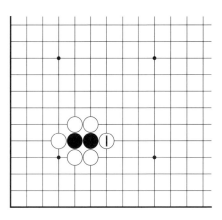

2도

2도 (마지막 활로를 막으며 따낸다)

그런 다음에 백1로 마지막 활로를 막으면 흑 두점을 따낼 수 있습니다.

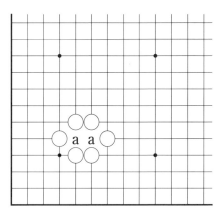

3도

3도 (두점을 따낸 결과)

이 그림은 흑 두점을 따낸 결과를 보여줍니다. 반드시 바둑판에서 흑 두점을 들어내서 백의 바둑통 뚜껑에 담는 것이 원칙입니다.

그리고 보니 a의 곳에 백 2집이 생긴 모습입니다.

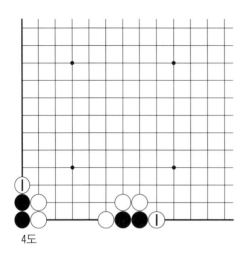
4도

4도 (가장자리와 귀퉁이의 두점)

가장자리와 귀퉁이의 흑 두점이라면 안쪽 활로만 막아주면 됩니다.

　백1로 마지막 활로를 막으면 흑 두점을 따낼 수 있겠지요.

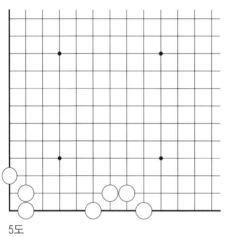
5도

5도 (따낸 결과)

그러면 이런 결과가 됩니다. 역시 가장자리와 귀퉁이에 백 2집씩 생긴 모습입니다. 두점을 따냈으니 당연한 이치겠지요.

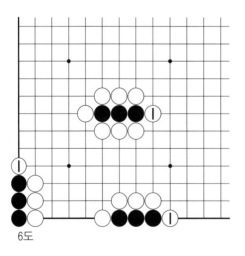
6도

6도 (흑 석점의 따냄)

이번에는 귀퉁이와 가장자리, 안쪽에서 일렬로 연결된 흑 석점을 따내는 모습입니다.

　각각 단수 상태에서 백1로 마지막 활로를 막으면 흑 석점을 따낼 수 있습니다.

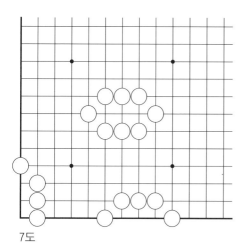

7도

7도 (따낸 결과)

그러면 이런 결과가 됩니다. 흑 석점을 따냈으므로 세 지역에서 백 3집씩 생긴 모습이지요.

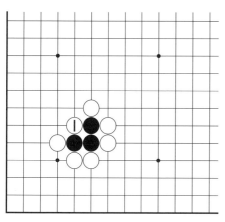

8도

8도 (빈삼각 석점의 따냄)

빈삼각 모양으로 연결된 흑 석점이라면, 이처럼 단수 상태에서 백1로 마지막 활로를 막으면 흑 석점을 따낼 수 있습니다.

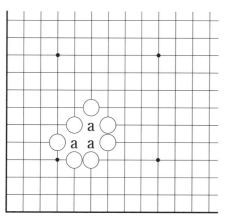

9도

9도 (따낸 결과)

그러면 이런 결과가 되겠지요. 흑 석점을 따냈으므로 역시 a의 곳에서 백 3집이 생긴 모습입니다.

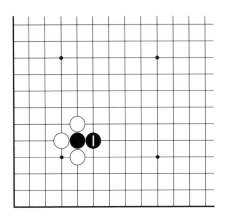

1도

1도 (활로로 나간다)

이번에는 단수된 돌을 달아나려면 어떻게 해야 하는지 알아봅니다.

따냄과 달아나기는 동전의 양면과도 같습니다. 흑 한점이 단수 상태에서 달아나려면 흑1로 연결하면 됩니다. 이처럼 흑은 마지막 남은 활로로 나가면 따냄을 피할 수 있습니다.

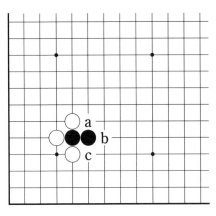

2도

2도 (달아난 결과)

흑이 달아난 결과인데, 흑의 활로가 a~c의 3개로 늘어난 모습입니다.

바둑은 한 수씩 교대로 두므로 이제 백이 흑 두점을 잡기란 어려워졌습니다.

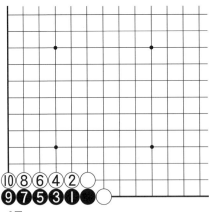

3도

3도 (가장자리의 달아나기)

가장자리와 귀퉁이에서도 달아나기가 가능할까요?

우선 가장자리를 보면 흑1로 달아나도 백2로 위의 활로를 차단하면 바로 단수입니다. 다시 흑3에 달아나도 백4로 역시 단수이며 활로가 하나 이상 늘어나지 않습니다. 결국 귀퉁이까지 가서 백10이면 달아난 흑이 모두 잡힌 모습이지요.

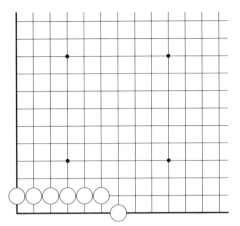

4도

4도 (1선은 막힌 벽으로 작용)

결국 잡힌 흑 6점을 백이 따내면 이런 결과가 됩니다. 가장자리에서는 한쪽 1선이 막힌 벽으로 작용하기 때문에 달아나는 쪽이 불리합니다. 애초에 흑은 손해가 커지기 전에 달아나기를 포기해야 하겠지요.

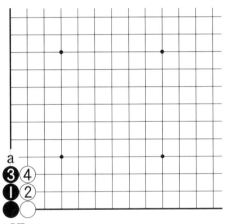

5도

5도 (귀퉁이의 경우)

귀퉁이는 가장자리의 연장이라고 봐도 좋겠습니다.

흑1에 달아나도 백2, 4로 계속 바둑판 안쪽에서 활로를 차단하면 흑은 활로가 하나뿐(a)으로 더 이상 늘어나지 않습니다.

가장자리에서도 보았듯이 흑의 손해만 커질 뿐이죠.

6도 (활로가 1선이라면?)

바둑판 안쪽의 공간에서도 활로가 1선이라면 달아나기 어렵습니다.

지금 흑 한점이 단수 상태에서 흑1로 달아나도 활로가 1선에 막힌 모습입니다.

6도

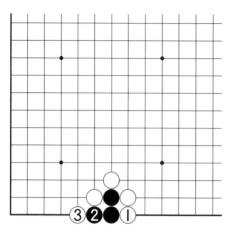

7도

7도 (바로 단수)

그로인해 백1로 바로 단수가 가능하며 흑2로 달아나도 백3이면 모든 활로가 막혀 흑 석점이 잡힌 모습입니다.

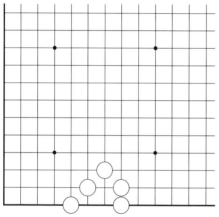

8도

8도 (따낸 결과)

이 그림은 백이 흑 석점을 따낸 결과입니다.

이렇게 되기 전에 흑은 애초에 달아나기를 포기해야 하겠지요.

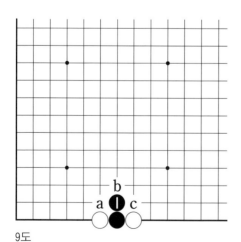

9도

9도 (1선의 단수인 경우)

가장자리라도 그림처럼 백이 모두 1선에서 활로를 차단해 단수된 상황이면 결과는 달라집니다.

이번에는 흑1로 연결하는 순간 활로가 a~c의 곳에 3개로 늘어나 달아나는 데 문제없습니다. 중앙에서와 같은 모습이지요. 활로가 중앙을 향해 열려있었기 때문입니다.

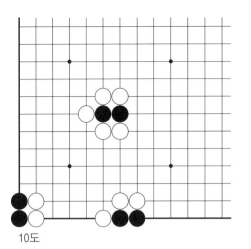

10도

10도 (두점의 달아나기)

이번에는 두점의 달아나기를 보지요. 귀와 변, 중앙 쪽에서 흑이 단수에 몰린 상태를 모두 나열했습니다. 이때 달아나기의 가능 여부를 구별해 보겠습니다.

11도 (활로 3개면 잡히지 않는다)

귀와 변의 끝에서는 흑1, 3으로 아무리 달아나봤자 백4로 차단하면 단수가 계속됩니다. 참고로 차단을 '막음'으로 표현해도 좋습니다. 즉 백4로 막으면 흑이 a로 나가도 활로가 2개 이상 늘어나지 않습니다. 결국 끝에 가서는 잡힐 수밖에 없겠지요. 중앙은 경우가 다릅니다. 흑1로 연결하는 순간 활로가 a~c의 3개로 늘어납니다. 달아나는 데 문제없지요.

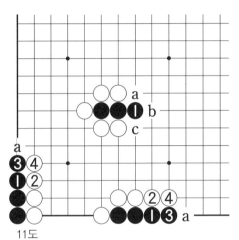

11도

12도 (석점 단수의 경우)

석점 단수의 경우도 판의 안쪽에서는 흑1의 넉점으로 연결하는 순간 활로가 늘어나 역시 달아나는 데 문제없습니다.

　물론 귀와 변의 끝에서는 11도와 같은 이치가 되면 달아나기 어렵습니다.

12도

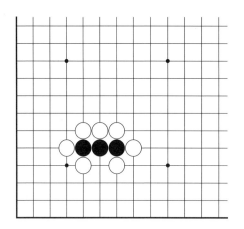

13도

13도 (달아날 수 있을까?)

다만 중앙 쪽이라도 그림과 같은
단수 상태라면 상황이 달라집니다.

　과연 흑 석점은 달아날 수 있을
까요?

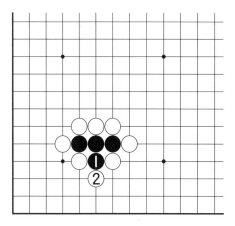

14도

14도 (달아날 수 없다)

이 모양에서는 마지막 활로인 흑1
로 달아나기 어렵습니다. 백2면 모
든 활로가 막혀 잡히기 때문이죠.

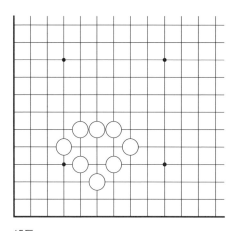

15도

15도 (중앙에서 잡힌 결과)

이 그림은 백이 흑 넉점을 따낸 결
과입니다. 이렇게 되기 전에 흑도
13도 단수 상태에서는 석점을 포기
해야 하겠지요.

　그러고 보면 단수 상태에 따라
잡을 수 있기도 하고, 달아나는 데
문제없기도 합니다.

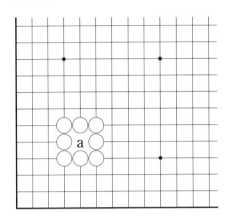

1도

1도 (완전무결한 1집)

바둑판에서 공간을 둘러싸면 집이 생긴다고 했지요?

이 그림은 백이 a의 1집을 마련하기 위해 공간을 완전무결하게 둘러싼 모습입니다.

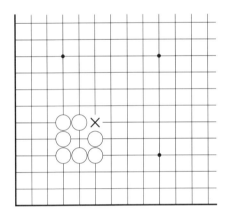

2도

2도 (효율적 1집)

좀 더 효율적으로 1집을 마련하자면 둘러싼 돌의 모서리 4개 중 하나는 없어도 됩니다.

이 그림은 ×의 백돌 하나를 없앤 모습입니다. 그래도 완전한 1집이죠.

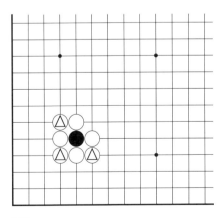

3도

3도 (한점을 따내는 경우)

흑 한점을 따내는 경우라면 활로를 둘러싸는 것이 핵심입니다.

따라서 백△들 석점도 필요없습니다. 불필요한 돌을 제거하고 흑 한점을 따내면~

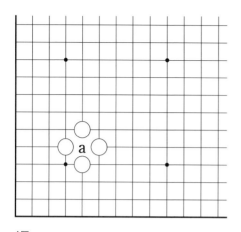

4도

4도 (빵따냄)

이런 결과가 됩니다. 그리고 이와 같은 한점 따냄을 보통 '빵따냄'이라 부릅니다.

　a의 1집은 2도에 비해 불완전한 모양이지만 '빵따냄 30집'이란 격언이 있을 정도로 그 위력은 대단합니다. 특히 이 빵따냄은 중앙 쪽으로 향할수록 더욱 위세가 커집니다.

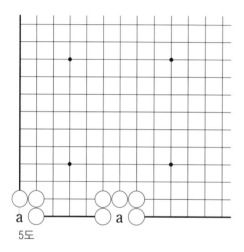

5도

5도 (귀와 변의 1집)

귀와 변의 끝에서 1집을 마련하자면 이 그림처럼 공간을 둘러싸면 됩니다. 그러면 각각 a의 1집이 생긴 모습입니다.

6도 (귀와 변의 한점 따냄)

귀와 변의 끝에서 한점 따냄의 경우라면 백△들은 불필요합니다. 흑의 활로만 둘러싸면 되기 때문이죠. 필요한 돌로만 흑 한점을 따내면~

6도

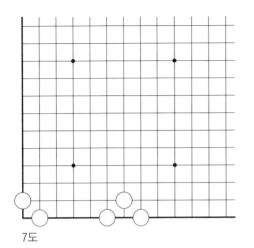

7도

7도 (귀와 변의 효율적 따냄)
이런 결과가 됩니다. 불필요한 돌이 제거되었으므로 귀와 변의 끝에서 따냄의 가장 효율적인 모습이지요.

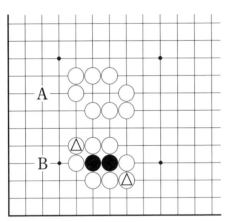

8도

8도 (2집과 두점 따냄)
A는 2집을 마련하기 위해 공간을 효율적으로 둘러싼 모습입니다.

B는 두점 따냄의 경우인데, 백△ 두점은 활로와 관계없는 불필요한 돌입니다.

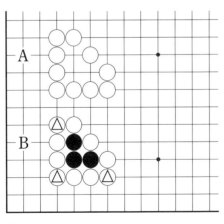

9도

9도 (3집과 석점 따냄)
A는 3집을 마련하기 위해 공간을 효율적으로 둘러싼 모습입니다.

B는 석점 따냄의 경우인데, 백△ 석점은 활로와 관계없는 불필요한 돌입니다.

테마 3 착수금지와 삶이란 무엇인가

바둑 두기는 바둑판에 돌을 놓는다는 뜻에서 '착점' 또는 '착수'라고도 하며, 단순히 '수'라고 표현하는 경우도 있습니다. 보통은 서로 자유롭게 수를 나누지만 특별히 '착수금지'라는 조항이 있는데, 이를 어기면 반칙패가 되겠지요. 이번 테마에서는 착수금지를 활용한 삶의 가장 초보적인 조건에 대해서도 알아보겠습니다.

① 둘 수 없는 자리 – 착수금지

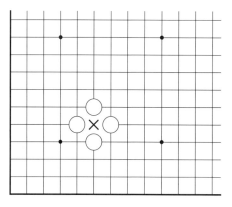

1도

1도 (둘 수 없는 자리)

이 그림은 백의 빵따냄 모양인데, ×의 곳은 흑이 둘 수 없습니다. 물론 백은 둘 수 있겠지요.

왜 그런지 잠시 생각해봅시다. 이제 눈치 챘는가요?

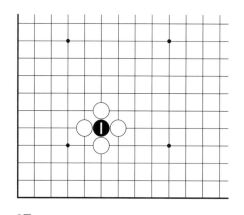

2도

2도 (둘 수 없는 이유)

만일 흑1로 두면 활로가 모두 막혀 백이 따내는 모양이 됩니다.

그러면 흑은 자살행위나 다름없기 때문에 바둑 규칙은 이를 흑의 반칙으로 정하고 있습니다.

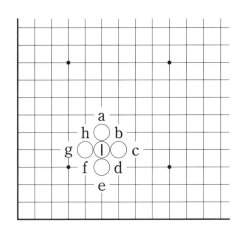

3도

3도 (백은 둘 수 있다)

반면에 백1이면 전체가 연결된 모양이며 활로가 a~h의 8개나 됩니다. 백은 당연히 둘 수 있겠지요.

다만 백은 자기 집을 없애는 형태가 되어 손해를 감수해야 하므로 굳이 둘 이유가 없겠지요.

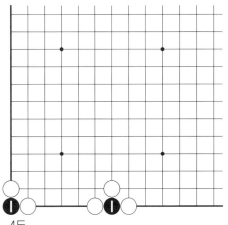

4도

4도 (귀와 변의 착수금지)

귀와 변의 끝에서도 흑1은 착수금지에 해당됩니다. 모두 흑의 활로가 막힌 상태이기 때문이죠.

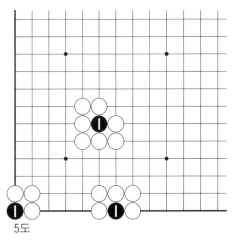

5도

5도 (1집 모양에서 착수금지)

백이 귀와 변, 중앙에서 각각 1집씩을 마련한 모양입니다.

이 모양에서도 흑1은 모두 착수금지에 해당합니다. 백이 따내는 형태이기 때문이죠.

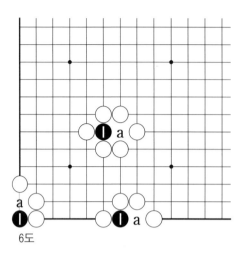

6도

6도 (잡혔지만 착수금지는 아니다)

다음 백의 형태에서 흑1로 들어가는 것은 모두 착수금지가 아닙니다. 아직 a의 활로가 있으므로 둘 수는 있지만, 흑이 손해는 감수해야겠지요. 백은 언제든 a에 두면 흑 한점을 따낼 수 있으므로 모두 잡혀있습니다.

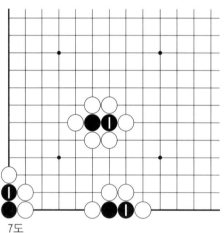

7도

7도 (착수금지)

여기서 포기하지 않고 흑1로 두는 것은 모두 착수금지에 해당합니다.

연결된 흑 두점의 활로가 모두 막혀있기 때문이죠.

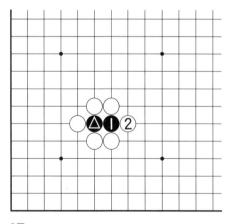

8도

8도 (탈출할 수 없다)

이 형태에서도 ▲를 탈출하려고 흑1로 두는 것은 손해를 자초합니다. 착수금지는 아니지만, 백2로 막으면 흑 두점이 잡히기 때문이지요.

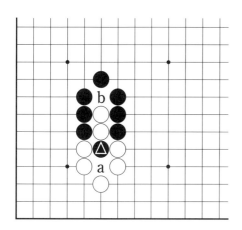

9도

9도 (어디에 두어야 할까?)

이 모양에서 흑▲가 단수에 몰려 위험합니다. 흑이 이를 벗어나려면 a와 b 중에서 어디에 두어야 할지 잠시 생각해보세요.

흑a는 착수금지 자리이므로 둘 수 없습니다. 흑b로 두어야 백 두점을 따낼 수 있겠지요. 그러면~

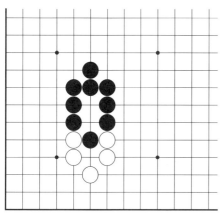

10도

10도 (위험에서 벗어난 결과)

이런 결과가 되겠지요. 이처럼 흑이 위험에 처해도 착수금지를 피해서 상대방을 잡으면 이를 벗어날 수 있습니다.

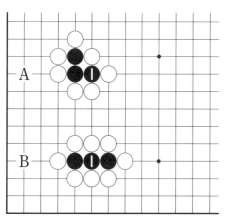

11도

11도 (착수금지)

이 그림에서도 A와 B의 흑1은 착수금지 자리여서 둘 수 없습니다.

두는 순간 흑 석점의 모든 활로가 막히기 때문이지요.

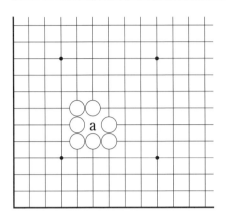

1도

1도 (착수금지에 해당)

이 그림의 백은 a의 1집 모양을 이루고 있습니다.

이 상태에서 흑은 a에 둘 수 없습니다. 앞에서 배운대로 착수금지에 해당하기 때문이지요.

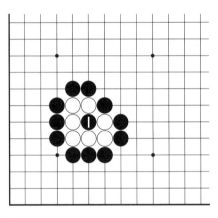

2도

2도 (착수금지에서 해제)

그런데 그림처럼 백 모양의 바깥 활로가 모두 막혔다고 가정해봅시다.

그러면 흑1은 착수금지에서 해제됩니다. 흑1로 두면서 백 전체를 따낼 수 있기 때문이죠.

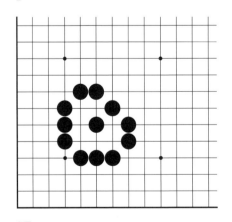

3도

3도 (착수금지가 적용되지 않는다)

이 그림은 흑이 백 전체를 따낸 결과입니다.

이처럼 따낼 수 있는 경우에는 착수금지도 적용되지 않음을 기억해야 합니다.

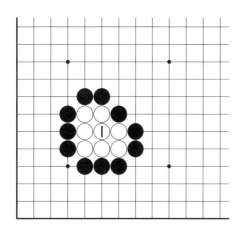

4도

4도 (착수금지)

여기까지 배웠으면 그럴 리야 없겠지만 백1로 자기 집을 메우지는 않을 테지요.

그러면 자기 집의 모든 활로가 막혔기 때문에 착수금지에 해당합니다.

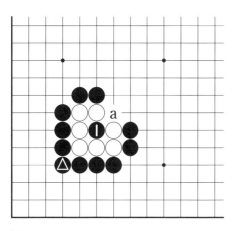

5도

5도 (바깥 활로가 하나 존재)

이 그림에서는 a에 있던 흑돌이 ❸로 이동했습니다. 그러면 흑1은 착수금지에 해당합니다. 백의 a쪽 활로가 하나 존재하기 때문이죠.

이때 흑❸는 백의 활로를 막는 데 아무런 영향도 주지 못합니다.

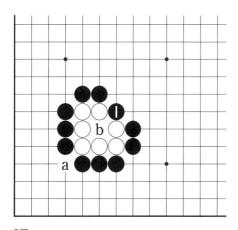

6도

6도 (효과적인 역할)

a의 흑은 1로 백의 바깥 활로를 막으면서 백 전체를 단수쳐야 효과적인 역할을 하겠지요. 이때 백집이었던 b는 마지막 남은 활로가 되어 백은 단수로 잡히는 모습입니다.

즉, 백은 b에 둘 수 없지만 흑은 언제든 b에 두어 따낼 수 있으므로 이대로 백은 잡힌 모습이지요.

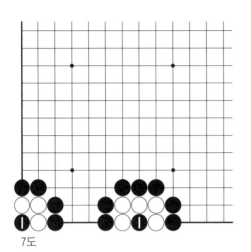

7도

7도 (착수금지에서 제외)

귀와 변에서도 흑1은 착수금지에서 제외됩니다.

백의 모든 활로를 막아 따낼 수 있는 자리이기 때문이죠.

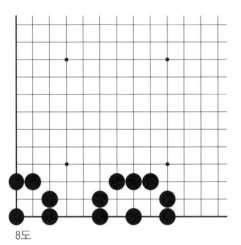

8도

8도 (따내는 경우)

이 그림은 귀와 변에 있던 백을 따낸 결과입니다.

역시 따낼 수 있는 경우에는 착수금지도 적용되지 않습니다.

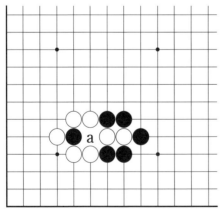

9도

9도 (주변 상황을 따진다)

이 그림에서 흑은 a에 둘 수 있을까요?

모양으로 보면 착수금지 자리인데, 주변 상황을 따져서 생각해봐야 합니다.

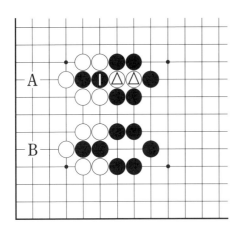

10도

10도 (백 두점을 따낼 수 있다)

A에서, 흑1로 두면 백△ 두점을 따 낼 수 있습니다. 따라서 흑1은 둘 수 있는 자리입니다.

　B는 백 두점을 따낸 결과를 보여 줍니다.

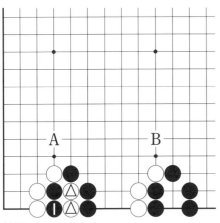

11도

11도 (가장자리의 경우)

이번에는 가장자리의 경우입니다. A에서, 흑1은 착수금지가 아닙니 다. 백△ 두점을 따낼 수 있기 때문 이죠.

　B는 백 두점을 따낸 결과를 보여 줍니다.

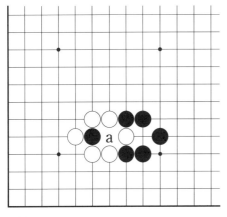

12도

12도 (둘 수 있을까?)

이 그림에서 흑은 a에 둘 수 있는지 생각해보세요.

　착수금지의 예외가 아니라면 둘 수 없겠지요.

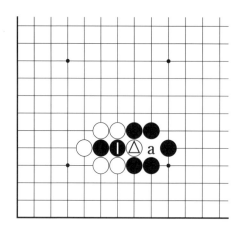

13도

13도 (둘 수 없다)

지금은 흑1로 두면 a의 활로가 있는 백△를 따낼 수 없습니다.

오히려 흑1이 따냄 상태이므로 착수금지에 해당합니다.

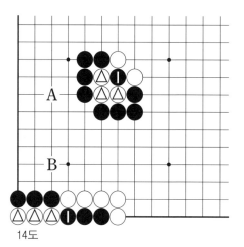

14도

14도 (둘 수 있는 자리)

이 그림에서 A와 B의 흑1은 착수금지가 아닙니다.

각각 백△ 석점을 따낼 수 있으므로 둘 수 있는 자리입니다.

15도 (따낸 이후)

이 그림은 백 석점을 따낸 결과입니다. 따내고 보니 A는 흑의 모양이 알찹니다. B는 흑의 모양에 결함이 있습니다. 즉, 흑△ 석점이 단수 상태가 되어 다음 백도 a에 두면 흑 석점을 따낼 수 있습니다.

이처럼 따낸 이후의 모양도 미리 생각해두면 좋겠지요.

15도

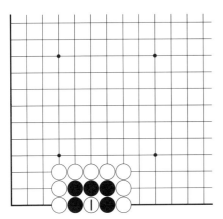

1도

1도 (흑의 죽음)

이 그림은 흑 1집의 바깥 활로를 백이 모두 둘러싼 형태입니다.

이때 백1이면 흑 5점이 몽땅 죽습니다. 흑의 활로가 모두 막히므로 백1은 착수금지가 아님을 이제는 알겠지요.

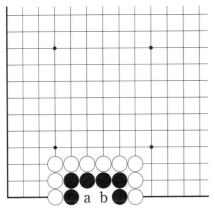

2도

2도 (2집의 생사는?)

이번에는 흑이 a와 b의 2집인 형태입니다.

백이 바깥 활로를 모두 막은 상황인데, 흑의 생사는 어떻게 될까요?

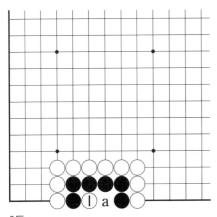

3도

3도 (상식)

지금까지 배움을 토대로 상식적으로 생각해봅시다.

백1이면 a의 활로 하나만 남은 흑은 단수 상태입니다. 다음 백이 a로 두면 흑 전체를 따낼 수 있겠지요.

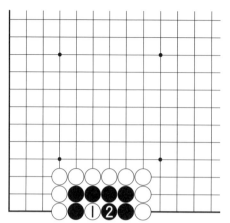

4도

4도 (흑의 대처)

그렇다면 백1에 흑도 대처해야 하겠지요. 그렇더라도 흑2로 백1의 한점을 따내는 정도입니다.

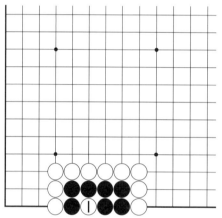

5도

5도 (2집 모양도 죽음)

그러면 결국 이런 1집 모양이 됩니다. 이제는 눈치 챘겠지요?

백1이면 착수금지 예외조항에 따라 흑 전체를 따낼 수 있습니다. 따라서 2도처럼 2집인 흑도 죽음을 피할 수 없습니다.

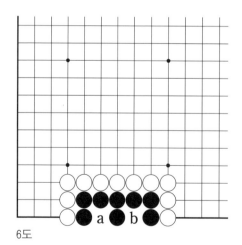

6도

6도 (1집씩 2개인 경우)

이번에는 흑이 a와 b의 1집씩 2개 있는 형태입니다.

백이 바깥 활로를 모두 둘러싼 상황인데, 흑의 생사는 어떻게 될까요?

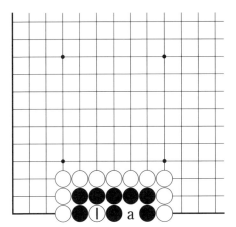

7도

7도 (착수금지 1)

백은 1로 두는 순간 모든 활로가 막히니 착수금지에 해당합니다. 흑은 아직 a의 활로가 있어 염려 없습니다.

　바둑은 한 수씩 교대로 두므로 백1은 둘 수 없는 곳입니다.

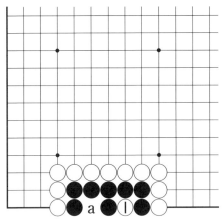

8도

8도 (착수금지 2)

물론 오른쪽 백1도 착수금지의 곳입니다.

　두는 순간 흑이 백1의 한점을 따내는 형태이기 때문이지요. a의 활로가 있음을 기억합시다.

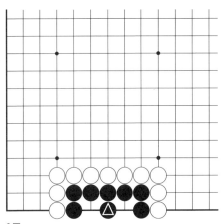

9도

9도 (두 눈의 삶)

그러고 보면 2집이라도 흑▲로 1집씩 두 군데로 나뉘어 있으면 착수금지에 따라 사는 데 문제없습니다. 이런 경우 '두 눈의 삶'이라 합니다.

　쉽게 비유해서 방이 두 개 딸린 주택에서 하나의 방은 하나의 '눈'이라 생각해도 좋겠지요.

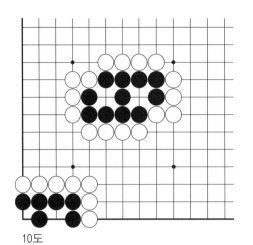

10도

10도 (귀와 중앙에서 두 눈의 삶)

이 그림은 귀와 중앙에서 두 눈의 삶을 보여줍니다. 흑은 바깥 활로가 모두 막혀있지만 안에서 1집씩 두 눈의 삶이 보장되어 있습니다.

나중에 계가(집계산)를 하는 경우 흑은 각각 2집으로 계산합니다.

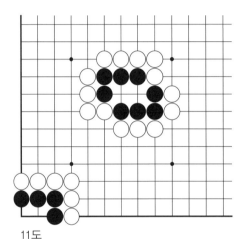

11도

11도 (2집의 눈 하나는 죽음)

이 그림은 귀와 중앙에서 흑이 2집의 모양을 하고 있지만 눈은 하나뿐입니다.

이미 배웠듯이 2집의 눈 하나는 죽음이라고 기억해두면 좋습니다.

12도 (삶의 보장)

이처럼 2집의 눈이라도 이와 더불어 최소한 1집의 눈 하나가 더해져야 삶이 보장됩니다.

좁은 공간에서는 눈 2개가 삶의 조건임을 기억해두기 바랍니다.

12도

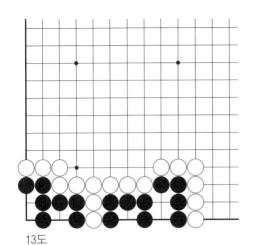

13도

13도 (두 눈의 삶)

이 그림은 귀와 변에서 흑의 삶을 보여줍니다.

각각 2집의 눈과 1집의 눈으로 조합된 두 눈의 알찬 모습입니다.

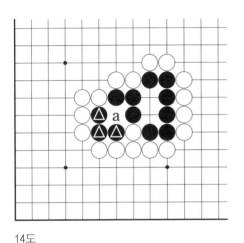

14도

14도 (단수 상태)

이 경우는 흑▲ 석점이 단수 상태입니다. 언제든 백a면 흑 석점을 따낼 수 있지요.

따라서 a를 집으로 착각해서 두 눈의 삶이라고 주장하면 안 됩니다.

15도

15도 (2집의 한 눈으로 죽음)

흑1로 두어 석점을 살리더라도 상황은 달라지지 않습니다. 이렇게 되고 나도 흑은 2집의 한 눈뿐이므로 살 수 없지요.

바둑을 두다보면 서로 반복해서 한점을 따내는 형태가 나올 수 있습니다. 이를 '패'라고 부르는데, 바둑 규칙에서는 이런 모양이 나오면 순조로운 게임 진행을 위해 반복 행위를 금지합니다. 이번 테마에서는 패의 모양과 더불어 패가 생기면 어떻게 해결하는지, 그리고 모양이 유사한 '옥집'에 대해서도 알아봅니다.

① 동형반복의 금지

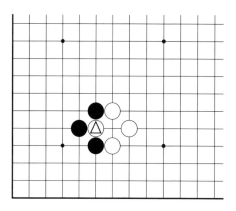

1도

1도 (좌우동형)

지금 이 그림을 봅시다. 바둑을 두다보면 충분히 나올 수 있는 모양입니다.

백△가 단수 상태인데, 이를 제외하고 좌우 흑과 백은 동형(같은 모양)입니다.

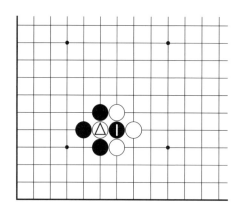

2도

2도 (흑이 따내는 경우)

이때 흑1로 백△ 한점을 따내봅니다. 그러고 나서 모양이 어떻게 변하는지 미리 생각해보세요.

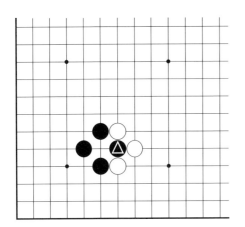

3도

3도 (역시 동형)

그러면 이런 모양이 됩니다. 이번에는 흑▲가 단수 상태가 되며, 좌우흑과 백은 역시 동형입니다.

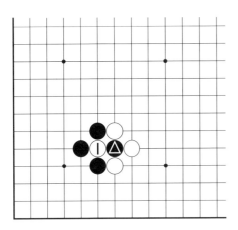

4도

4도 (백이 따내는 경우)

이때 백도 1로 흑▲ 한점을 따내볼까요. 그리고 다시 한번 모양의 변화를 생각해보세요.

　이쯤해서 눈치가 빠른 분은 궁금증이 생기겠지요.

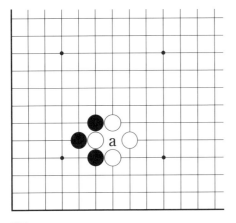

5도

5도 (패의 규칙 – 동형반복의 금지)

결과적으로 1도로 환원된 모양이 됩니다. 그러면 흑이 a로 따내서 2~4도가 반복될 것입니다. 결국 서로 따내고 따내서 대국진행이 어렵겠지요. 그래서 바둑 규칙은 이와 같은 동형반복을 금지합니다.

　일단 한쪽이 따내면 다른 쪽은 바로 따내지 못하도록 규정합니다. 요약하면 패의 규칙은 '동형반복의 금지'라고 기억해두면 좋습니다.

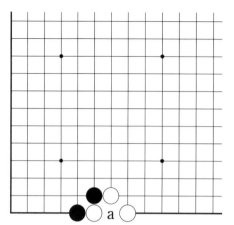

6도

6도 (가장자리에서 패의 모양)

이 그림은 가장자리에서 나올 수 있는 가장 기본적인 패의 모양입니다. 물론 백이 먼저 a로 연결하면 패는 사라집니다.

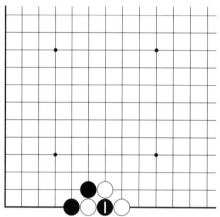

7도

7도 (패의 시작)

흑1로 먼저 백 한점을 따내면서 패는 시작됩니다.

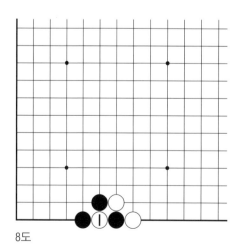

8도

8도 (바로 따내는 경우)

그러면 이런 모양이 되지만, 곧바로 백1로 흑 한점을 따내면~

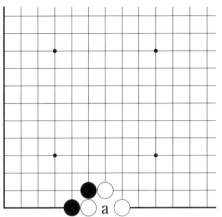
9도

9도 (동형반복)

이런 모양이 되는데 보다시피 6도의 환원입니다. 이처럼 서로 따내고 따내면 동형반복이 되겠지요.

따라서 패의 규칙에 따라 처음에 흑a로 따낼 때 백은 바로 되따내지 못합니다. 참고로 다시 따내는 행위를 '되따냄'이라 합니다.

10도 (귀퉁이에서 패의 모양)

이 그림은 귀퉁이에서 나올 수 있는 패의 모양입니다.

흑a로 백△ 한점을 따내면서 패는 시작됩니다.

10도

11도 (백은 바로 따낼 수 없다)

그러면 이런 모양이 되지만, 이때 백은 바로 흑▲를 a로 되따낼 수 없습니다.

보다시피 10도로 환원되면 패의 규칙에 어긋나기 때문이지요.

11도

② 패가 생기는 이유

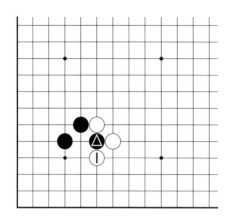

1도

1도 (단수친 장면)

지금 이 모양에서 백1로 흑▲의 한 점을 단수친 장면입니다.

이때 흑이 처리하는 방법에 따라 패가 발생합니다.

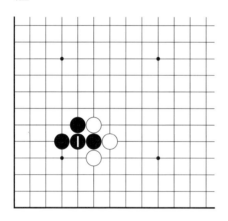

2도

2도 (상식)

흑이 한점을 살리자면 1로 연결하는 것이 상식입니다.

그러면 아무런 분쟁이 일어나지 않겠지요.

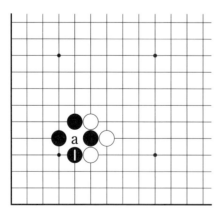

3도

3도 (패의 발생)

흑이 1로 부풀리면서 패가 발생하는 모습입니다.

흑은 a로 연결하기보다 이렇게 두는 것이 유리하다 판단하면 패를 만들 수 있습니다.

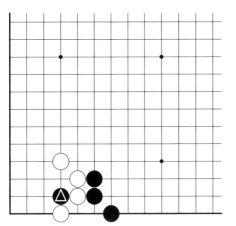
4도

4도 (가장자리에서)

변의 가장자리라면 패는 어떤 상황에서 발생할까요?

이 그림은 하나의 예인데, 흑▲를 주목하기 바랍니다.

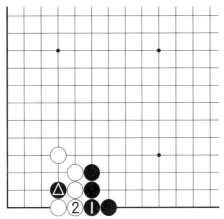
5도

5도 (분쟁은 없다)

이 장면에서 단순히 흑1로 두면 백2로 연결하며 아무 일 없이 정리됩니다.

이러면 서로 분쟁은 없지만 흑▲는 잡힌 모습입니다.

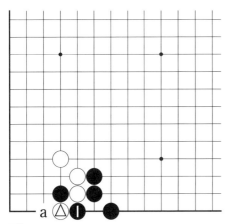
6도

6도 (먹여치면 패가 된다)

흑1로 집어넣는 행위를 '먹여친다'고 합니다. 가장자리에서는 흑1로 먹여치면 패가 발생합니다.

지금은 백△를 단수치면서 패가 된 모습이지요. 만일 흑a로 백△를 따낼 수 있다면~

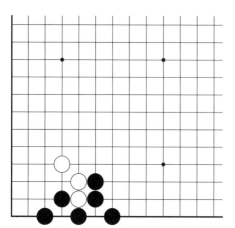

7도

7도 (흑이 패를 이긴 경우)

이런 결과가 됩니다. 이런 경우 흑이 '패를 이겼다'고 표현합니다. 보기에도 흑이 크게 한몫 챙긴 모습입니다.

　흑이 패를 이겨서 이렇게 된다면 패라는 것이 큰 디딤돌이 되겠지요.

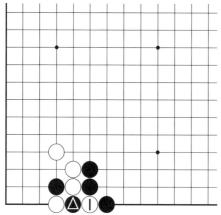

8도

8도 (백이 패를 따낼 권리)

흑이 패를 만들 때 일단 백은 흑▲의 한점을 따낼 권리가 있습니다. 참고로 이런 경우 '패를 따낸다'고도 표현합니다.

　백1로 패를 따낸 다음에 다시 ▲의 곳에 연결할 수 있다면~

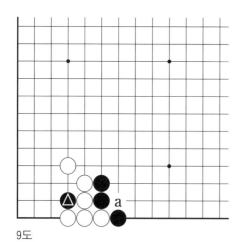

9도

9도 (백이 패를 이긴 경우)

이런 결과가 됩니다. 그러면 백이 흑▲를 잡고 a의 약점도 노릴 수 있습니다. 이번에는 백이 아주 좋은 모습입니다.

　결론적으로 패를 만들면 서로 모험이면서 기회도 생깁니다. 특히 최후에 많은 성과를 얻는 쪽이 패를 만들려고 노력하겠지요.

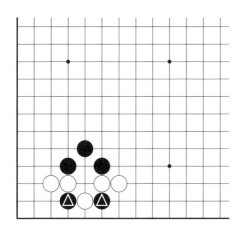

10도

10도 (흑이 패를 만들려면?)

이 장면에서 흑이 패를 만들려면 어디에 두어야 할까요?

잡혀있는 흑▲ 두점에 주목하기 바랍니다. 패를 통해 생환의 기회도 생길 수 있습니다.

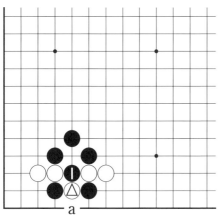

11도

11도 (먹여치면 패가 된다)

안쪽 공간에서는 흑1로 집어넣는 모양을 '먹여친다'고 합니다. 흑1로 먹여치면 패가 발생합니다.

지금은 백△를 단수치면서 패가 된 모습입니다. 이후 흑a로 백△를 따낼 수 있다면~

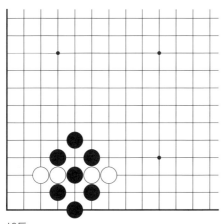

12도

12도 (흑이 패를 이긴 경우)

이런 결과가 되지요. 패를 시도해서 이렇게 이긴다면 백은 산산조각이 나며 흑은 엄청난 성공을 거둘 수 있습니다.

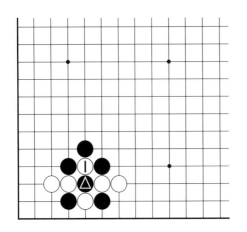

13도

13도 (백이 패를 따낼 권리)

흑이 ▲로 패를 만들 때 일단 백은 1로 패를 따낼 권리가 있습니다.

　그런 다음에 다시 백이 ▲의 곳에 연결할 수 있다면~

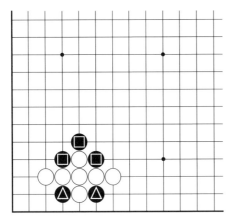

14도

14도 (백이 패를 이긴 경우)

이런 결과가 됩니다. 그러면 백이 흑▲ 두점을 확실히 잡고 흑■들도 매우 허약합니다.

　결국 패라는 것은 모험도 동반하지만 서로 이기면 큰 성과를 얻을 수 있습니다.

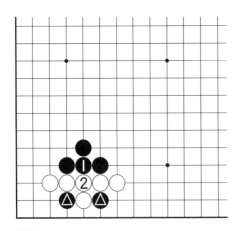

15도

15도 (패를 시도하면 좋은 경우)

애초 흑1과 백2를 교환해서 서로 연결하면 패의 분쟁은 일어나지 않겠지요.

　그러나 흑은 ▲ 두점이 고스란히 잡혔고 1로 연결한 모양이 빈삼각 2개가 합성된 모양이라 상당히 나쁩니다. 그래서 이럴 때 흑은 패를 시도하면 좋겠지요.

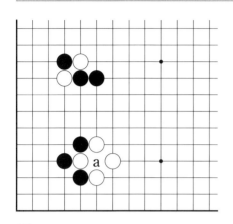

1도

1도 (두 곳의 모양에서)

이 그림을 보면 두 곳에 모양이 있습니다.

위는 돌이 서로 얽혀 있는 모습입니다. 아래는 a가 패의 모습이죠. 일단 아래 패가 초점입니다.

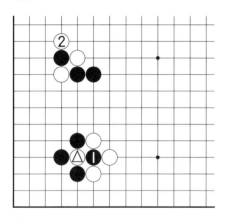

2도

2도 (팻감이란?)

흑1로 백△를 따내면 백은 곧바로 흑1을 따낼 수 없습니다. 패의 규칙은 동형반복을 금지하고 있기 때문이지요.

그래서 일단 백은 2로 단수칩니다. 이처럼 손을 빼고 둔 백2를 '팻감'이라고 합니다.

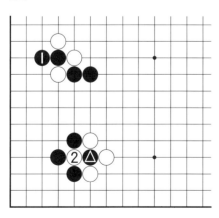

3도

3도 (팻감을 사용했기 때문)

이때 흑1로 달아나면 이제는 백2로 흑△를 따낼 수 있습니다.

백이 한번 팻감을 사용했기 때문에 가능하지요.

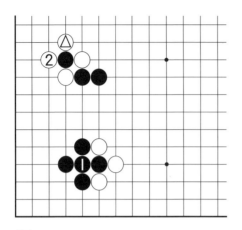

4도

4도 (흑이 패를 해소한 경우)

백△로 팻감을 사용할 때 흑1로 이으면 패는 정리됩니다. 이런 경우 보통 '패를 해소했다'고 표현합니다. 그러면 흑은 패를 이겨 성공한 모습이고, 백도 2로 흑 한점을 따내 이곳에서 이득을 봅니다.

말하자면 흑은 손익을 따져서 패를 계속할지 해소할지 결정합니다.

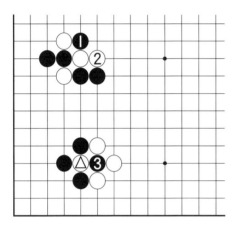

5도

5도 (흑이 팻감을 사용하는 경우)

3도에 이어서, 백이 패를 따낸 직후이므로 흑은 바로 패를 따낼 수 없습니다.

그래서 흑1로 단수쳐서 팻감을 사용하고 백2로 달아나면 이제 흑은 3으로 백△를 따낼 수 있겠지요.

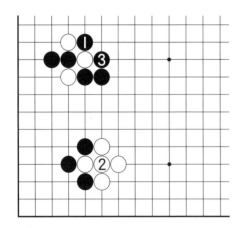

6도

6도 (백이 패를 해소한 경우)

흑1로 팻감을 쓸 때 백2로 연결해서 패를 해소하면 흑도 3으로 백 한점을 따낼 수 있습니다.

역시 백도 손익을 따져서 패를 계속할지 해소할지 결정합니다.

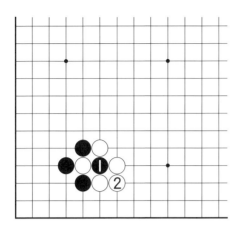

7도

7도 (팻감이 없는 경우)

흑1로 패를 따낼 때 백이 달리 마땅한 팻감이 없는 경우도 있겠지요.

　그래서 백2로 자체 약점을 지키며 정리할 수도 있습니다.

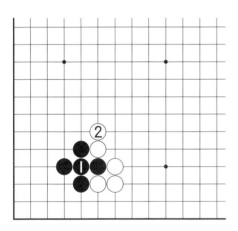

8도

8도 (자체적으로 정리한다)

그러면 흑은 1로 연결해 패를 해소하고, 백은 2로 움직여서 그런대로 모양을 정리할 수 있습니다. 어쨌든 패는 흑이 이긴 모습이지요.

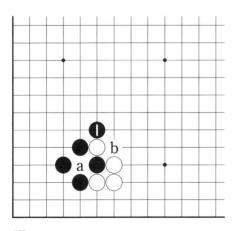

9도

9도 (패를 키운다)

때에 따라 흑은 a로 패를 해소하지 않고 1로 단수칠 수도 있습니다. 이런 경우 보통 '패를 키운다'고 표현합니다.

　이처럼 패를 키우면 백은 a로 패를 따내든지 b로 연결해 물러서든지 하겠지만 분쟁은 더욱 커집니다.

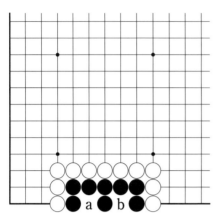

1도

1도 (두 눈의 삶)

이 그림은 흑이 두 눈의 삶을 보여줍니다.

a와 b가 각각 완벽한 1집으로 두 눈의 삶이지요.

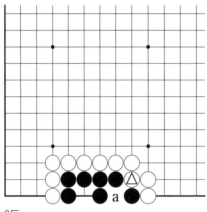

2도

2도 (한쪽 집이 패의 모양)

그런데 한쪽 집이 백△로 되어있다면 흑의 운명은 어떻게 될까요?

여기서 a는 패의 모양임을 알 수 있습니다.

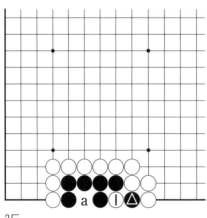

3도

3도 (백이 패를 이긴 경우)

가령 백1로 흑△를 따낸다고 합시다. 그런 후에 백이 패를 이기면 a에 두어 흑 전체를 따낼 수 있습니다. 그러면~

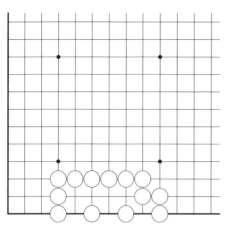

4도

4도 (흑의 죽음)

이런 결과가 됩니다. 보다시피 흑은 판에 돌이 하나도 보이지 않을 정도로 처참하게 죽은 모습이지요.

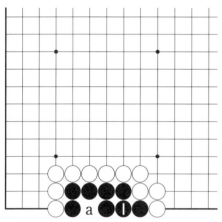

5도

5도 (한 눈의 죽음)

이번에는 흑이 패를 이겨 1로 해소했다고 생각해봅시다.

이래도 역시 흑은 a의 한 눈이므로 죽음을 피할 수 없겠지요.

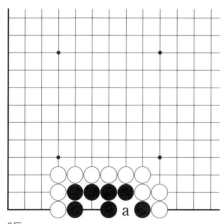

6도

6도 (옥집은 가짜 집이다)

결과적으로 이 모양은 a의 패를 누가 이기느냐와 관계없이 흑은 이대로 죽음입니다. 누구든지 여기에 손을 대면 손해만 입을 뿐이죠.

이런 경우 집과 연관해서 a는 '옥집'이라 부릅니다. 말하자면 옥집은 언제든 사라질 운명의 가짜 집이죠.

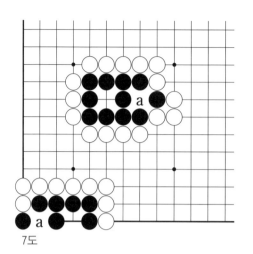

7도

7도 (패의 모습을 가장한 옥집)

귀와 중앙에서도 a는 패의 모습이면서 옥집입니다. 패의 모습을 가장한 옥집이라 표현해도 좋겠지요.

옥집은 가짜 집이므로 이 모양도 각각 한 눈뿐입니다. 이대로 흑의 죽음임을 알 수 있습니다.

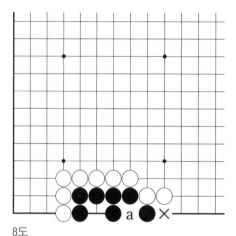

8도

8도 (흑의 생사는?)

이 그림에서는 ×로 막히지 않아 a가 패는 아닙니다.

이 모양이라면 흑의 생사가 어떻게 될까요?

9도 (전체가 단수 상태)

흑이 활로를 찾아 1로 나가더라도 백2로 막으면 단수가 됩니다.

흑은 3에 연결해봤자 a의 1집이 활로 하나뿐이 되어 전체가 단수 상태이며 잡힌 모습입니다.

9도

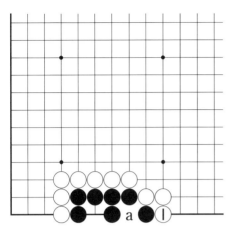

10도

10도 (언제든 흑의 죽음)

백의 경우 언제든 1로 막으면 흑은 이대로 죽음입니다. a는 옥집이므로 흑은 한 눈뿐이기 때문이죠. 백1은 굳이 서두를 필요도 없겠지요.

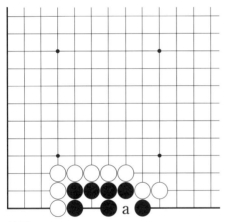

11도

11도 (막히지 않아도 옥집)

결국 바깥이 막히지 않은 이 모양에서도 a는 옥집에 해당합니다.

그렇다면 이 상태로 흑은 한 눈뿐이므로 죽음이지요.

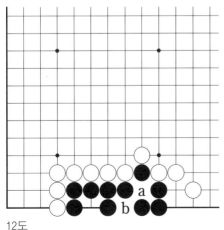

12도

12도 (패가 옥집인지 아닌지 결정)

이 그림에서는 a가 패의 모양입니다. 그리고 a의 패가 b를 옥집인지 아닌지 결정합니다.

그렇다면 이 패의 결과가 흑의 삶과 죽음을 좌우합니다.

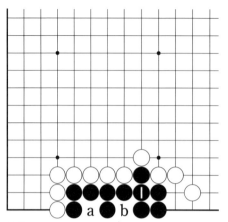

13도

13도 (패를 이기면 두 눈의 삶)

흑이 패를 이겨 1로 연결하면 두
눈의 삶입니다. a와 b가 두 눈의 모
습이지요.

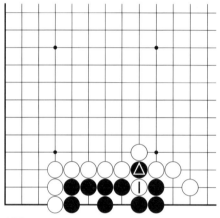

14도

14도 (흑이 패를 지는 경우)

만일 백이 1로 패를 따낸다고 생각
해봅시다.

그런 후에 백이 패를 이겨서 ▲
의 곳에 연결한다면~

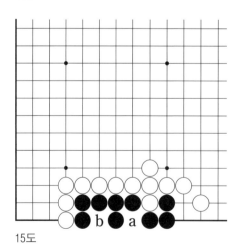

15도

15도 (옥집이 되어 죽음)

이런 결과가 되겠지요. 그러면 a는
옥집이 되며, 흑은 b의 한 눈만 있
어 죽은 모습입니다.

다시 말해 흑이 패를 지면 이대
로 전체가 죽습니다.

테마❶ 돌 하나에는 상하좌우 방향으로 4개의 활로가 있다. 활로는 돌의 직선 방향이며 놓인 돌에서 가장 가까운 교차점이다. 돌의 활로가 하나만 남은 상태를 단수라고 한다. 가장자리에서는 두 군데, 귀퉁이에서는 한 군데의 활로만 막아도 단수가 된다. 바둑판의 1선은 활로를 차단하는 역할을 한다. 활로를 모두 둘러싸서 잡은 경우 따냄이라고 한다.

테마❷ 돌이 연결되면 활로가 늘어난다. 연결된 두점이면 6개의 활로가 생긴다. 그러면 한점에 비해 2개의 활로가 늘어난다. 단수된 돌을 달아나려면 마지막 남은 활로로 나가면 된다. 그러면 활로가 3개로 늘어나서 잡기가 어렵다. 가장자리와 귀퉁이에서는 1선에 막혀 달아나기가 어렵다. 바둑판 안쪽의 공간에서도 활로가 1선이라면 달아나기 어렵다. 단수 상태에 따라 잡을 수 있기도 하고, 달아나는 데 문제없기도 하다. 한점 따냄을 보통 빵따냄이라 부른다. 빵따냄은 중앙 쪽으로 향할수록 더욱 위세가 커지는데, 따냄에 불필요한 돌이 있으면 가치가 상실된다.

테마❸ 활로가 모두 막히는 자리는 둘 수 없다. 이를 착수금지라 한다. 착수금지 자리라도 두면서 상대방을 따낼 수 있는 경우에는 착수금지도 적용되지 않는다. 따라서 착수금지는 주변 상황에 달려있다. 1집 모양은 상대가 둘러싸면 죽음이다. 2집 모양도 결국 1집이 되어 죽음이다. 1집씩 2개인 경우는 착수금지에 따라 사는 데 문제없다. 이를 두 눈의 삶이라 한다. 좁은 공간의 눈 하나는 죽음이다. 좁은 공간에서는 눈 2개가 삶의 조건이다.

테마❹ 서로 반복해서 따내는 형태를 패라고 한다. 패의 규칙은 동형반복을 금지한다. 패의 규칙에 따라 한쪽이 먼저 따내면 다른 쪽은 바로 되따내지 못한다. 그냥 연결에 비해 유리하다 판단하면 패를 만들 수 있다. 먹여치면서 패가 발생하기도 한다. 패를 이겨서 최후에 많은 성과를 얻는 쪽이 패를 만들려고 노력한다. 패가 생겨서 한쪽이 먼저 따낼 때 다른 쪽이 손을 빼서 두는 수를 팻감이라 한다. 팻감을 쓰면 상대는 손익을 따져서 패를 계속할지 해소할지 결정한다. 팻감이 없는 경우 자체 약점을 지키며 정리할 수도 있다. 때에 따라 패를 해소하지 않고 키울 수도 있다. 옥집은 가짜 집이다. 패의 모습을 가장한 옥집도 있다. 두 눈 중에 한쪽이 옥집이면 죽음이다. 그 옥집을 패가 결정한다면 이런 패는 생사를 좌우하므로 상당히 중요하다.

모양으로 이해하는 핵심 용어

① 활로: a~d의 4개

② 단수

③ 따냄: 백1

④ 빈삼각

⑤ 달아나기: 흑1로 나감

⑥ 빵따냄: a의 한점 따냄

⑦ 착수금지: 흑a는 금지

⑧ 착수금지의 예외: 따냄

⑨ 눈: a와 b

⑩ 두 눈의 삶

⑪ 패

⑫ 옥집: a의 곳

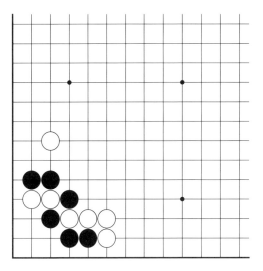

문제 1

▦ 문제 1

단수란 활로가 하나 남은 상태입니다. 이 그림에서 흑이 단수할 곳을 찾아보세요.

단수가 두 군데라면 뒤탈이 없는 확실한 쪽을 선택해야겠지요.

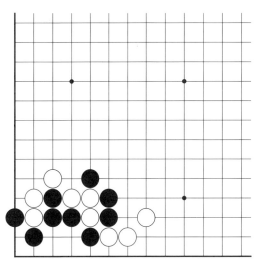

문제 2

▦ 문제 2

돌의 활로를 전부 막으면 따낼 수 있습니다.

이 그림에서 흑이 어디든 따낼 곳을 찾아보세요.

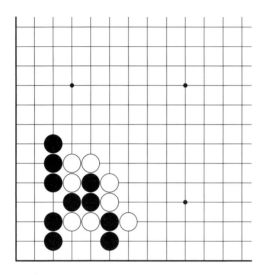

문제 3

문제 3
돌의 활로를 늘리면 달아날 수 있습니다.

이 그림에서 흑이 위험한 돌을 찾아 달아나보세요.

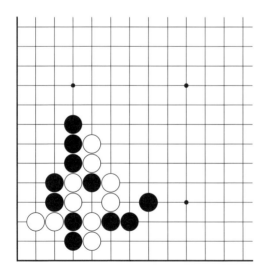

문제 4

문제 4
바둑에는 착수금지와 착수금지 예외 조항이 있습니다.

이 그림에서 흑이 착수금지를 피해서 어딘가 백을 잡아보세요.

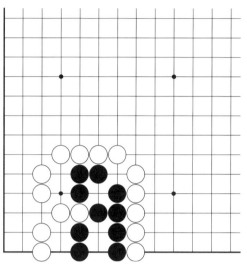

문제 5

▦ 문제 5

좁은 공간에서는 두 눈이 있
어야 삽니다.

이 그림에서 흑이 두 눈의
삶을 완성시켜 보세요.

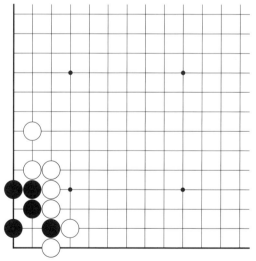

문제 6

▦ 문제 6

흑이 두 눈을 마련하지 못해
위험한 모습입니다.

흑의 최후의 수단인 패를
만들어보세요.

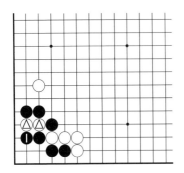

▦ 문제 1 (정답)

흑1로 백△ 두점을 단수치는 것이 올바른 방법입니다. 그러면 백 두점을 확실하게 잡을 수 있습니다.

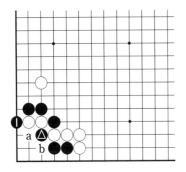

▦ 문제 1 (오답)

흑1쪽도 단수이기는 한데 방향이 좋지 않습니다.

다음 백이 a로 나가 흑△를 단수치든가 b쪽에서 단수치면 분란이 일어납니다.

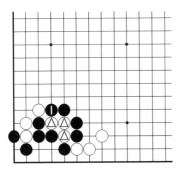

▦ 문제 2 (정답)

흑1로 두면 백△ 석점의 활로가 모두 막힙니다. 그러면 흑은 백 석점을 따낼 수 있습니다.

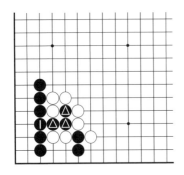

▦ 문제 3 (정답)

흑△ 석점이 단수 상태가 되어 위험합니다. 따라서 흑1로 두면 석점이 달아날 수 있습니다.

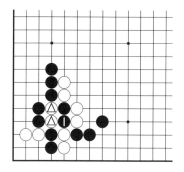

▦ 문제 4 (정답)

흑1은 본래 착수금지 자리이지만 백△ 두 점을 따낼 경우에는 예외입니다. 즉 흑1로 두면 백 두점을 잡을 수 있습니다.

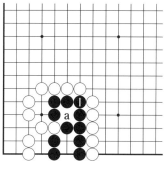

▦ 문제 5 (정답)

지금 흑은 아래 2집의 한 눈만으로는 삶이 아닙니다.

흑1로 두면 a쪽에 다른 한 눈이 생성되어 두 눈의 삶이 됩니다.

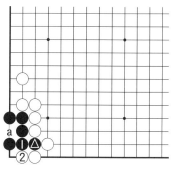

▦ 문제 6 (오답)

지금 흑▲가 단수 상태입니다. 그래서 흑1로 연결하면 백2로 들어가 결국 a의 한 눈만 남으므로 흑의 죽음입니다.

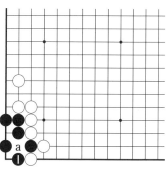

▦ 문제 6 (정답)

흑1로 패를 만드는 것이 현명합니다. 그러면 당장은 백이 a로 패를 따내겠지만, 만일 흑이 패를 이겨 a에 연결한다면 두 눈의 삶이 됩니다.

PART 3

돌의
강약과 효율

바둑은 영토를 다투면서 싸움이 벌어지기 마련입니다. 이때 돌의 힘이 강해야 유리한 싸움을 펼칠 수 있습니다. 이번 테마에서는 강한 돌의 원동력이 되는 '이음'에 대해 알아봅니다.

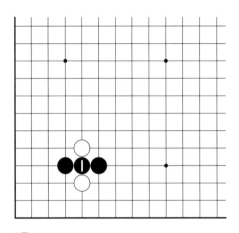

1도

1도 (확실한 연결)

흑과 백이 서로 대치한 상태에서 흑1로 두면 흑 석점이 확실히 연결된 모습입니다.

이런 확실한 연결을 '이음'이라 부릅니다.

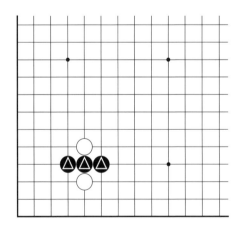

2도

2도 (관통하며 힘이 붙었다)

이어진 흑▲ 석점은 돌의 힘이 아주 강합니다.

상대 백돌을 관통하며 이어졌기 때문에 힘이 붙은 모습이지요.

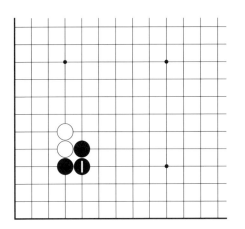

3도

3도 (꼬부린 모양의 이음)

이 모양에서도 흑1은 이음입니다. 흑 석점은 꼬부린 모양이지만 선을 따라 확실히 연결된 모습입니다.

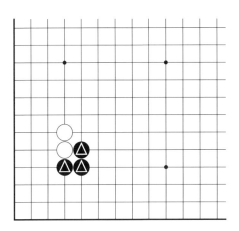

4도

4도 (힘의 우위에 선다)

이어진 흑▲ 석점은 돌의 힘이 강해집니다.

상대 돌과 대결에서도 힘의 우위에 설 수 있습니다.

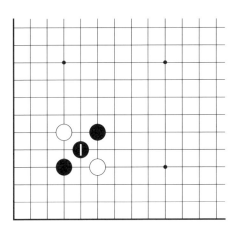

5도

5도 (대각 방향)

이 그림에서 흑1로 두면 흑 석점이 대각 방향으로 나열되어 활로가 각자 분리되며 아직 확실히 연결된 모양은 아닙니다. 어딘가 허술해 보이기도 하지요.

그렇다면 흑 석점은 이어진 모습이 아닐까요?

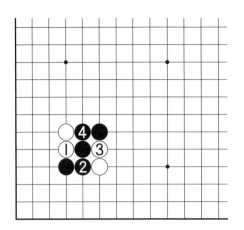

6도

6도 (전체가 연결된 모습)

그러나 이 그림을 보면 흑이 얼마나 튼튼한지 알 수 있습니다.

백1이면 흑2에 잇고, 백3이면 흑4에 잇습니다. 그러면 흑은 전체가 선을 따라 완벽히 연결된 모습이죠.

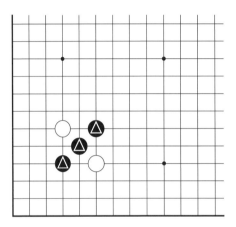

7도

7도 (역시 상대를 관통한 모습)

따라서 전체가 이어진 흑▲ 석점은 돌의 힘이 아주 강합니다.

역시 상대 백돌을 관통하며 이어졌기 때문에 힘이 붙은 모습이지요.

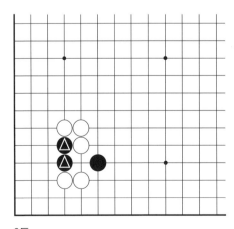

8도

8도 (강해지는 방법은?)

흑▲ 두점이 백돌에 둘러싸여 약한 모습입니다.

어떻게 두면 강해지는지 생각해 보세요.

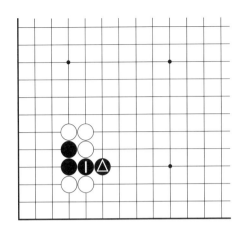

9도

9도 (머리를 내미는 모양)

흑1로 이으면 ▲가 머리를 내미는 모양이 되어 흑이 강해집니다.

양쪽 백을 관통한 모습이라 흑은 더욱 힘이 붙습니다.

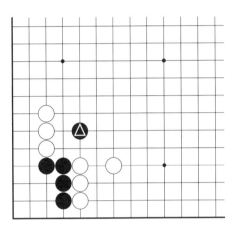

10도

10도 (중앙 흑이 강해지려면?)

이 그림에서 흑▲가 중앙에 외롭게 존재합니다. 흑이 강해지는 방법을 생각해보세요.

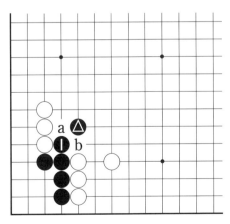

11도

11도 (귀와 손을 잡는다)

흑1로 이어서 귀와 손을 잡으면 흑은 강해집니다.

흑1과 ▲는 대각이지만 언제든 a 나 b, 둘 중 하나를 둘 수 있으니 확실한 연결 상태입니다.

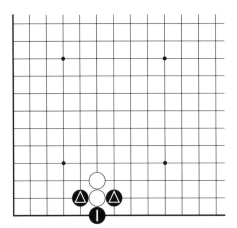

12도

12도 (넘으면 강해진다)

변의 가장자리에서는 흑1로 ▲ 두 점을 이을 수 있습니다. 이런 경우 '넘는다' 또는 '건넌다'고도 표현하지요. 이러면 흑 석점이 확실한 연결 상태이며 흑은 강해집니다.

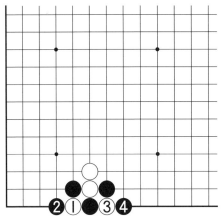

13도

13도 (연결을 확인하는 과정)

이 그림은 흑의 연결 상태를 확인하는 과정입니다. 백1이면 흑2로 따내고, 백3이면 흑4로 따냅니다.

따라서 백은 1과 3에 둘 수 없으니 흑은 대각 모양이지만 확실한 이음이죠.

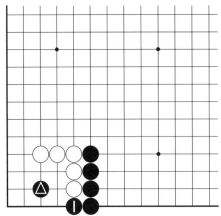

14도

14도 (변과 이어져 산다)

귀에서 흑▲가 백돌에 둘러싸여 갇혀있지만 흑1이면 변과 이어져 살 수 있습니다.

지금까지 선이나 대각선 이음만 보았다면 의아할지도 모르지만~

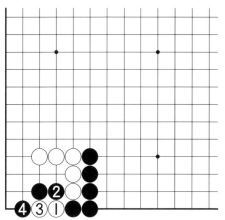

15도

15도 (차단할 수 없다)

이 그림은 확실한 연결을 확인하는 과정입니다.

　백1로 차단하려 해도 흑2로 단수치면 오히려 백이 잡힙니다. 백3으로 나가려 해도 흑4로 백 두점을 따내면 그만이죠. 실은 가만히 놔둬도 백 두점은 잡힌 모습입니다.

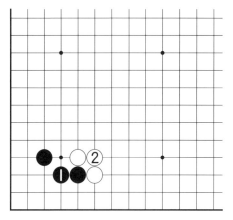

16도

16도 (자기 돌을 잇는 행동)

흑1과 백2도 자기 돌을 잇는 행동입니다. 그러면 흑과 백은 각각 강해집니다.

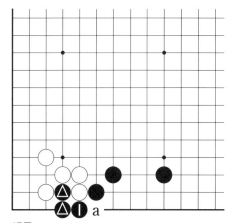

17도

17도 (변과 이어진다)

이 그림에서 흑1이면 변의 흑과 이어져서 ▲ 두점을 살릴 수 있습니다. 백a로 두면 단수가 되어 스스로 손해를 자처하니 백이 둘 수 없는 곳입니다.

돌의 힘이 강해지려면 이어야 합니다. 만일 이을 곳에서 잇지 않으면 어떻게 될까요. 이와 관련해서 이번 테마에서는 약한 돌의 원인이 되는 '끊음'에 대해 알아봅니다.

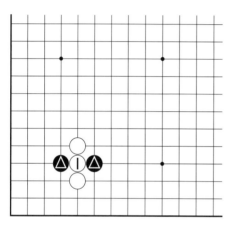

1도

1도 (양쪽으로 분리)

백1로 흑▲ 두점의 연결통로를 차단하는 행위를 '끊음'이라 부릅니다. 이렇게 끊으면 흑은 양쪽으로 분리되어 돌의 힘이 약해집니다.

구체적으로 표현하면 백은 이으면서 흑을 끊은 모습이지요.

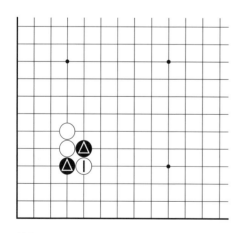

2도

2도 (힘을 발휘하기 어렵다)

이 모양에서도 백1로 끊으면 흑▲ 두점이 분리되어 힘이 약해집니다.

이렇게 끊어지면 흑은 다음 전투에서 힘을 발휘하기 어렵습니다.

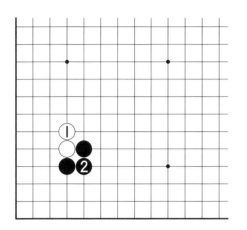

3도

3도 (바둑을 두는 요령)

그래서 백1로 연결하면 흑도 2로 잇는 것이 좋습니다.

이렇게 서로 모양을 강하게 정비하는 것이 바둑을 두는 요령이지요.

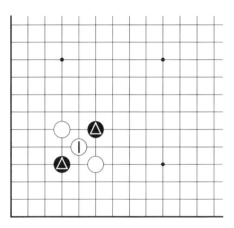

4도

4도 (대각으로 끊은 모양)

이 그림은 백이 1로 대각으로 이으면서 흑▲ 두점을 끊은 모습입니다. 그러면 역시 흑은 힘이 약해져 다음 전투가 어렵습니다.

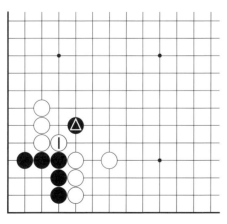

5도

5도 (귀와 차단)

이 그림의 백1도 중앙의 흑▲를 끊은 장면입니다. 그러면 귀의 흑과 차단이 되지요. 백1은 형태상 '막음'이라는 표현도 사용합니다. 즉 백1로 막으면 흑▲는 끊어져 힘을 잃고 방황하는 처지에 놓입니다.

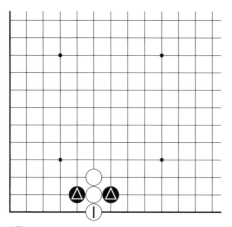

6도

6도 (이어가는 곳이 끊음)

이 그림에서 백1이면 흑▲ 두점을 끊을 수 있습니다. 흑이 잇는 바로 그 자리죠. 보통 상대가 이어가는 곳이 끊음일 경우가 많습니다.

이 경우는 형태상 '내려선다'는 표현도 가능합니다. 즉 백1로 내려서면 흑▲ 두점이 끊어져 힘이 약해집니다.

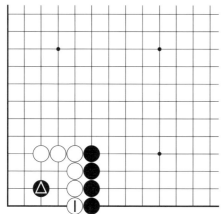

7도

7도 (변과 차단)

이 그림에서 흑이 이었던 자리인 백1로 막으면 흑▲가 변의 흑과 차단됩니다. 그러면 흑▲는 고립되어 죽을 운명이지요.

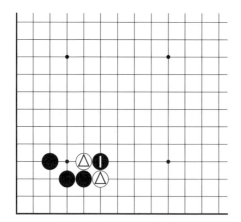

8도

8도 (끊으면 힘이 약해진다)

이 그림은 흑1이 백△ 두점을 끊는 자리입니다. 그러면 백은 분산되어 힘이 약해질 수밖에 없습니다.

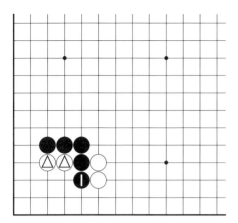

9도

9도 (관통)

이 그림의 흑1이면 양쪽의 백이 끊어집니다. 특히 백△ 두점은 귀에 갇혀 위험합니다. 변의 백 두점도 힘이 매우 약한 모습이지요.

흑1은 백의 모양을 관통하는 모습입니다. 즉 흑1로 관통하면 백은 분열되어 싸우기가 어렵지요.

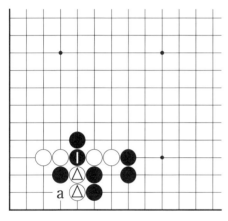

10도

10도 (위급)

이 장면에서 흑1로 끊으면 당장 백△ 두점이 위급합니다.

다음 흑a로 단수치면 백 두점이 잡힙니다.

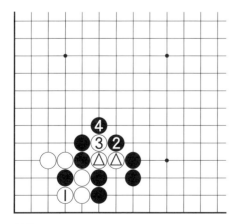

11도

11도 (끊으면 이득을 얻는다)

그래서 백은 1로 흑 한점을 단수쳐서 잡아야 하겠지요. 그러면 흑은 2로 백△ 두점을 잡을 수 있습니다. 백3으로 나가도 흑4로 단수치면 그만입니다.

상대 돌을 끊으면 이런 이득을 얻을 수 있습니다.

상대 모양의 단점을 끊으면 돌이 분산되어 힘이 약해집니다. 그런 다음 상대를 공격하는 것이 바둑에서 효과적인 전투 방법이겠지요. 그런데 단점처럼 보이더라도 끊을 수 없는 곳이 있습니다. 이번 테마에서는 끊고 싶어도 끊을 수 없는 자리에 대해 알아봅니다.

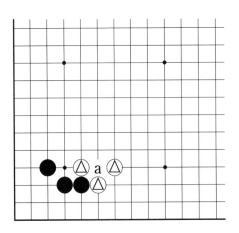

1도

1도 (호구)

이 그림에서 백△ 석점으로 이루어진 모양을 '호구'라고 부릅니다. 호랑이의 입이라는 뜻인데 a의 곳이 호구에 해당합니다.

　여기서 흑은 직접 a에 들어가 끊을 수 없습니다.

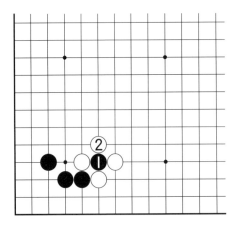

2도

2도 (빵따냄)

만일 흑1로 들어가 끊으면 백2로 따내겠지요. 그러면 흑은 빵따냄을 허용해 손해만 입을 뿐입니다.

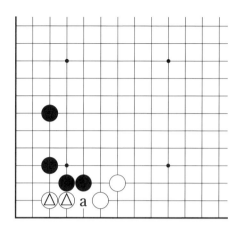

3도

3도 (차단할 수 없다)
이 그림에서 백은 a의 틈이 있지만, 흑은 백△ 두점을 변의 백과 차단할 수 없습니다.

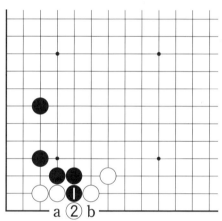

4도

4도 (가장자리에서의 호구)
흑1로 끊으려 해도 백2로 막으면 양쪽 백이 연결하는 모양입니다.

　이제는 흑이 a와 b에 두면 오히려 잡힘을 이해하겠지요. a와 b는 가장자리에서의 호구라 생각해도 좋습니다.

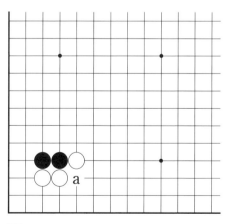

5도

5도 (끊을 수 있을까?)
이 그림에서 흑은 a에 끊을 수 있는지 생각해봅시다.

　만일 끊은 돌이 오히려 잡힌다면 끊을 이유가 없겠지요.

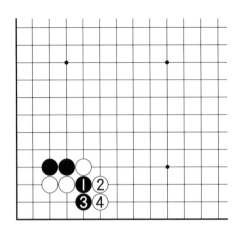

6도

6도 (가장자리로 몰아간다)

변의 3선에서 흑1로 끊는다면 백은 2, 4로 단수치고 막습니다.

모양을 보면 백이 흑 두점을 가장자리 방향으로 몰아가고 있음을 알 수 있습니다.

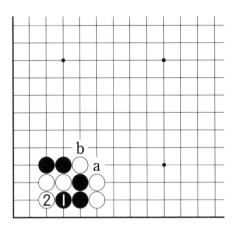

7도

7도 (흑 석점이 잡힌다)

계속해서 흑1로 활로를 넓혀도 백2로 막으면 흑은 더 이상 안에서는 움직이기 어렵습니다.

바깥에서 흑a나 b로 단수쳐도 백이 연결하면 그만이죠. 결국 아래 흑 석점이 잡힌 모습입니다.

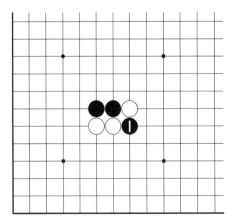

8도

8도 (중앙에서는 끊을 수 있다)

이 그림처럼 중앙이라면 흑1로 끊을 수 있습니다.

중앙은 공간이 넓어 끊은 돌이 쉽게 잡히지 않기 때문이죠. 물론 끊어서 결과가 좋은지는 그 다음 문제입니다.

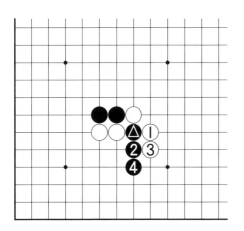

9도

9도 (활로가 늘어난다)

흑▲로 끊을 때 백1, 3으로 변쪽에 몰아가도 흑은 4까지 활로가 늘어 납니다.

이래서는 백이 흑 석점을 잡기 어렵습니다. 흑의 끊음이 가능한 이 유겠지요.

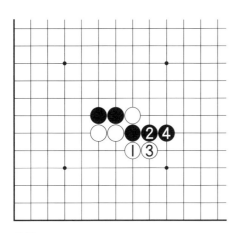

10도

10도 (중앙에서는 끊어 싸울 수 있다)

이번에는 백이 1, 3으로 흑을 오른 쪽으로 몰아가봅니다. 역시 흑은 4 까지 활로가 점점 늘어나서 백의 포위망을 벗어나는 모습이지요.

중앙에서는 서로 끊어 싸울 수 있음을 알 수 있습니다.

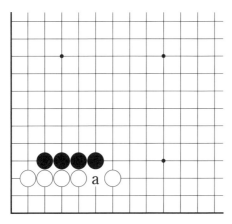

11도

11도 (끊을 수 있을까?)

이 그림에서 백은 a가 약점으로 보입니다.

과연 흑이 a로 들어가서 끊을 수 있을까요?

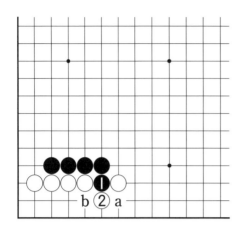

12도

12도 (2개의 끊는 자리)

흑1로 들어가면 백은 2로 막겠지요. 그러면 흑은 a와 b의 두 군데가 실제 끊는 자리입니다.

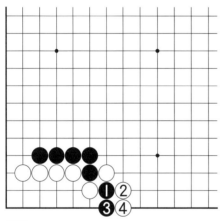

13도

13도 (흑 두점이 잡힌다)

먼저 흑1로 오른쪽을 끊어봅니다. 그러면 백은 2, 4로 계속 단수쳐서 흑 두점을 잡을 수 있습니다.

참고로 계속 단수치는 행동을 '연단수'라고 부릅니다.

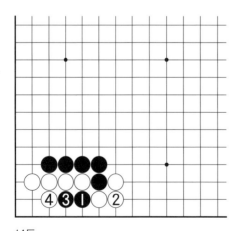

14도

14도 (안에 갇혀서 죽는다)

이번에는 흑1로 왼쪽을 끊어 보겠습니다. 백은 2로 잇는 것이 요령입니다. 그러면 흑1의 한점이 이대로 잡혔습니다. 다음 흑3으로 나가봐도 백4로 막으면 흑 두점이 잡힌 모습입니다. 실은 백4를 두지 않아도 흑은 안에 갇혀서 죽을 운명이지요. 따라서 11도 흑은 백의 약점을 끊을 수 없습니다.

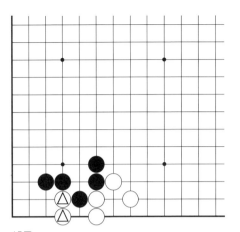

15도

15도 (차단이 가능할까?)

이 그림에서 흑이 백△ 두점을 변의 백과 차단할 수 있을까요?

만일 차단이 가능하면 귀의 백 두점은 죽을 운명입니다.

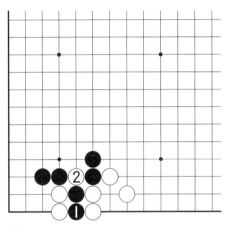

16도

16도 (끊을 수 없다)

형태상 흑이 끊으려면 1로 들어가야 합니다. 그러면 백은 2로 흑 두점을 따낼 수 있습니다.

결국 흑은 1로 끊을 수 없는 모양이지요.

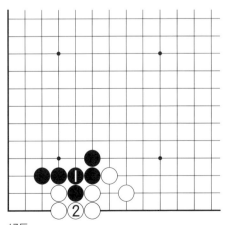

17도

17도 (자연스런 결말)

그래서 이 모양은 흑1로 두고 백2로 연결하는 것이 자연스럽지요.

결국 이렇게 될 곳이므로 귀의 백은 이대로 살아있습니다.

바둑은 집이 많아야 이기는 게임입니다. 돌은 연결해야 힘이 생기며 일정한 영토를 차지할 수 있습니다. 그러면 어떻게 연결해야 집을 만드는 데도 좋을까요. 이번 테마에서는 '집'이라는 관점에서 효율적인 연결 방법에 대해 알아봅니다.

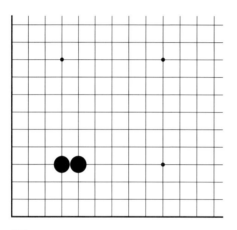

1도

1도 (효율성이 가장 떨어진다)

흑 두점이 찰떡처럼 붙어 연결된 모습입니다. 백은 연결이 완벽한 흑 두점을 끊을 레야 끊을 수가 없습니다.

사실 바둑은 집이 많아야 이기는 게임인데, 집을 만드는 데는 이런 식의 연결은 효율성이 가장 떨어집니다.

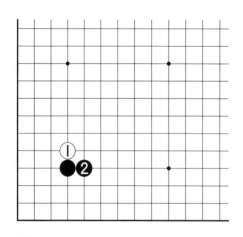

2도

2도 (싸움이 일어나는 경우)

상대가 백1로 부딪쳐 싸움을 유도하는 상황이라면 경우가 달라집니다. 이때 백1로 두는 행위를 '붙임'이라고 하죠.

백1로 붙이면 이제는 흑2로 연결해도 좋습니다. 이렇게 자신의 돌이 강해져야 싸움에 유리합니다.

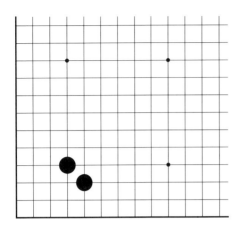

3도

3도 (간격이 좁다)

이 그림은 흑 두점이 대각으로 연결된 모습입니다.

　역시 간격이 좁은 만큼 이대로는 효율이 떨어집니다.

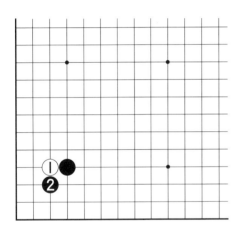

4도

4도 (대각으로 두는 경우)

상대가 백1로 붙여 싸움을 유도하는 상황이라면 경우가 달라집니다. 이제는 흑2로 상대를 압박하는 것이 좋은 수법입니다.

　이와 같은 싸움일 때는 대각으로 두는 것이 유리합니다. 이때 흑2로 두는 행위를 '젖힘'이라 합니다.

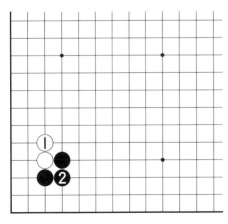

5도

5도 (서로 돌을 강하게 만든다)

조금 더 진행하면, 백은 1로 연결하고 흑은 2로 이어서, 서로 돌을 강하게 만들어가는 것이 바둑을 두는 요령입니다.

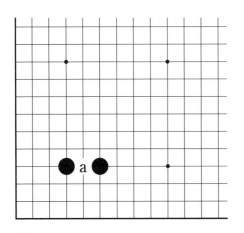

6도

6도 (한칸으로 연결)

이 그림처럼 두 돌이 나열된 모양을 '한칸'이라 부릅니다. 두 돌이 선 하나의 간격이기에 붙은 이름이지요. 지금은 흑 두점을 한칸으로 연결한 모습입니다. a에 틈이 보이지만 연결에는 문제가 없습니다.

그렇다면 집을 만드는 데는 이 모양이 좀 더 효율적입니다.

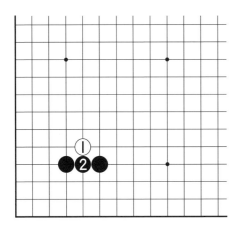

7도

7도 (쳐들어오면 잇는다)

만일 백1로 쳐들어오면 흑2로 이어서 두면 됩니다. 이제 흑은 더욱 강해진 모습입니다.

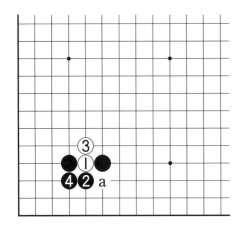

8도

8도 (억지로 끊을 때)

백1로 틈새에 들어와서 억지로 끊으려 할 때가 문제입니다.

그러면 흑2, 4로 단수치고 한쪽을 이어둡니다. a의 끊음이 존재하지만 여기는 백이 끊을 수 없는 곳이지요.

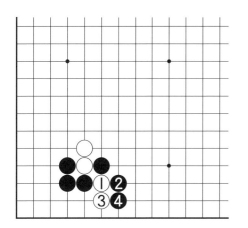

9도

9도 (백 두점이 잡힌다)

만일 백1로 끊으면 흑2, 4로 단수쳐서 가장자리로 몰면 되죠.

　그러면 백 두점은 활로가 막혀 잡힌 모습입니다.

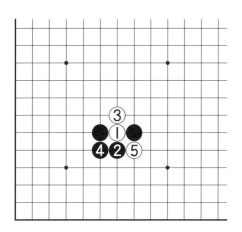

10도

10도 (중앙에서의 한칸)

중앙에서 한칸이라면 약간 상황이 달라집니다.

　백이 억지로 끊고자 하면 1로 들어가서 변에서와 마찬가지로 5까지 두면 됩니다.

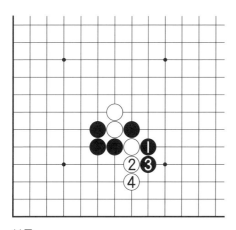

11도

11도 (활로가 늘어난다)

이번에는 흑1, 3으로 단수쳐서 몰아도 백4로 연결하면 활로가 늘어납니다.

　다만 이렇게 백이 끊어서 좋은지는 주위 상황에 달려있겠지요.

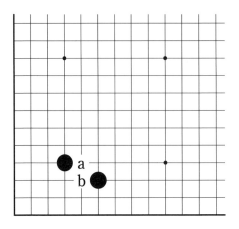

12도

12도 (날일자로 연결)

이 그림처럼 두 돌이 연결된 모양을 '날일자'라고 부릅니다. 두 돌을 선으로 연결하면 한자의 날일(日)을 연상하기에 붙은 이름이지요.

날일자는 a와 b, 두 군데에 틈이 있지만 당장 연결에는 문제없습니다. 이 모양도 집을 만드는 데는 효율적입니다.

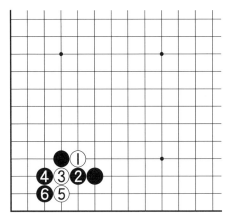

13도

13도 (끊을 수 없다)

백1, 3으로 억지로 끊을 수야 있겠지만 흑4, 6으로 단수쳐서 가장자리로 몰면 백은 활로가 막혀 잡힙니다.

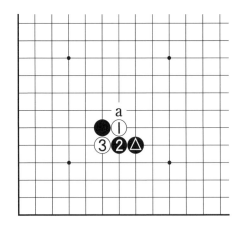

14도

14도 (중앙에서의 날일자)

중앙이라면 백1, 3으로 끊을 수야 있습니다. 다만 이렇게 백이 끊어서 좋은지는 주위 상황에 달려있겠지요. 나중에 배우겠지만 여차하면 흑은 a로 단수쳐서 ▲의 도움으로 백1을 잡는 수도 있습니다.

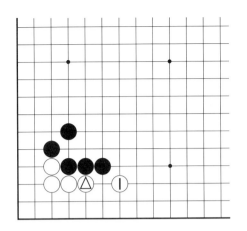

15도

15도 (한칸으로 진출)

이 장면에서 백1은 △에서 한칸의 위치입니다.

이러면 백은 효율적으로 연결하며 하변에 진출할 수 있습니다.

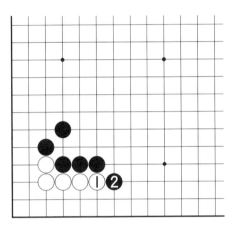

16도

16도 (백이 눌리는 모습)

백1로 붙여 두는 것은 흑2로 눌립니다. 그러면 백은 변의 진출이 막혀 좋지 않습니다.

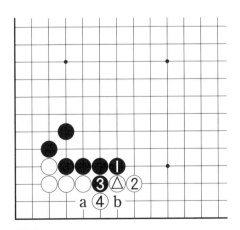

17도

17도 (머리를 내밀며 진출)

백△로 한칸 연결인 경우라면 흑1로 눌러도 백2로 변에 머리를 내밀며 진출할 수 있습니다.

흑3으로 끊으려 해도 백4로 막으면 연결이 가능합니다. a와 b는 끊을 수 없는 곳이죠.

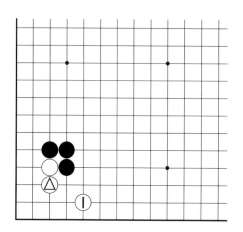

18도

18도 (날일자로 진출)

이 장면에서 백1은 △에서 날일자의 위치입니다.

이러면 백은 효율적으로 연결하며 하변에 진출할 수 있습니다.

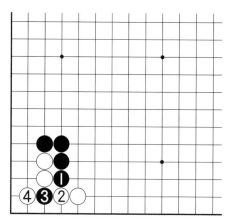

19도

19도 (흑 한점이 잡힌다)

만일 흑이 1, 3으로 억지로 끊으려하면 백4로 단수쳐서 흑3의 한점이 잡히는 모습입니다.

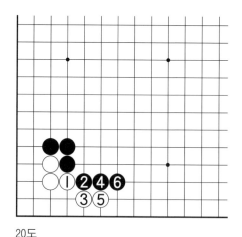

20도

20도 (패망선을 긴다)

백1로 붙여 두는 것은 흑2로 눌립니다. 백이 변에 진출하더라도 3, 5로 2선을 계속 두면 패망선을 기는 것이므로 좋지 않습니다.

참고로 '2선은 패망선'이라는 격언이 있다고 했지요.

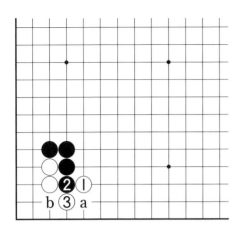

21도

21도 (한칸의 경우)

같은 장면에서 백1의 한칸도 생각해보죠. 그러면 흑2에 들어가서 백3에 막아도 이번에는 흑이 a와 b를 끊을 수 있습니다.

이때 어디를 끊느냐에 따라 결과도 달라집니다.

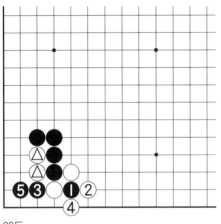

22도

22도 (오른쪽 끊음)

흑1로 오른쪽을 끊어봅니다. 다음 백2로 단수칠 때 흑3, 5로 둡니다.

그러면 흑은 백4의 따냄은 허용하지만 백△ 두점을 잡고 큰 성과를 거둡니다.

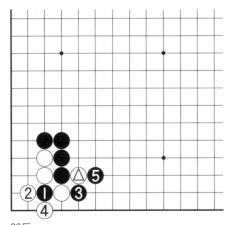

23도

23도 (왼쪽 끊음)

이번에는 흑1로 왼쪽을 끊어 보겠습니다. 다음 백2로 단수칠 때 흑도 3, 5로 백△를 단수칩니다.

그러면 백은 흑1의 한점을 따냈을 뿐 변의 진출이 막히고 △도 위험해 손해가 큽니다.

따라서 효과적인 연결이라도 상황에 맞춰 한칸과 날일자를 선택해야 합니다.

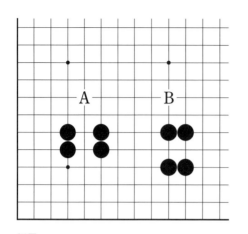

24도

24도 (쌍립으로 연결)

A와 B를 보면 흑 두점이 한칸 간격에 나란히 쌍으로 되어있습니다. 이런 모양을 '쌍립'이라 부릅니다.

쌍립은 효율적인 연결에 유용한 수법입니다. 참고로 '수법'이란 일정한 모양에서 수를 도모하는 방법을 말하는데, 바둑에서 많이 사용하는 용어입니다.

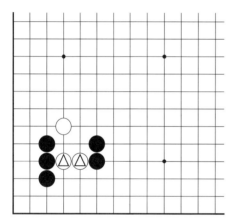

25도

25도 (효율적인 연결 수법은?)

이 장면에서 백△ 두점은 이대로 놔두면 위험합니다.

당장 바깥으로 연결하며 활로를 개척해야 하는데, 가장 효율적인 수법을 생각해보세요.

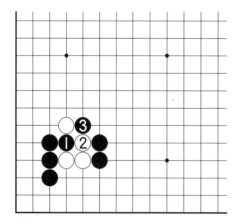

26도

26도 (방치하는 경우)

여기를 백이 방치하면 당장 흑1, 3으로 들어가서 끊습니다.

그러면 아래 백 석점은 탈출할 길이 없습니다. 변은 가장자리가 막혀있기 때문이지요.

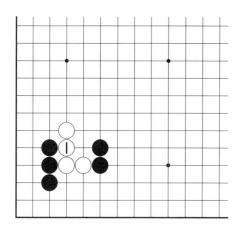

27도

27도 (궁색한 모양)

백1이면 튼튼한 연결이지만 일렬로 나열되어 효율이 떨어집니다.

아래 백 석점만 보면 빈삼각이 되어 궁색한 모습이지요.

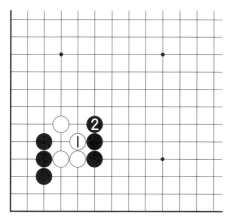

28도

28도 (허약한 모양)

백1도 대각으로 연결하는 모양이지만 아래가 빈삼각이라 역시 효율이 떨어집니다. 다음 흑2로 두면 백의 모양이 허술하지요.

참고로 흑2와 같은 수를 '올라선다'고 부릅니다. 즉 흑2로 올라서면 자연스럽게 흑은 힘이 생기며 백의 허약함이 드러납니다.

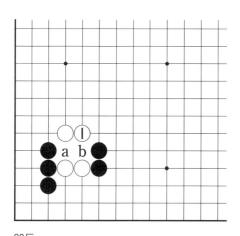

29도

29도 (쌍립 연결)

이럴 때는 백1 쪽으로 붙여 두는 것이 효율적인 연결입니다. 방금 배웠던 쌍립 모양이지요. 이러면 활로가 넓어져서 앞으로 활동하기 편합니다.

한칸 틈새가 a와 b로 두 군데이지만 끊길 염려가 없죠. 둘 중의 하나만 백이 두더라도 전체가 연결되기 때문입니다.

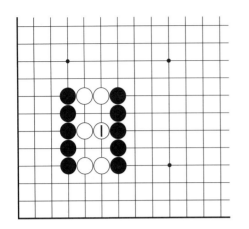

30도

30도 (쌍립으로 탈출)

이 장면에서도 백1이면 백 전체가
쌍립으로 탈출할 수 있습니다.

쌍립 연결의 효과는 이 모양에서
극대화되지요.

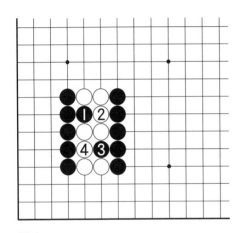

31도

31도 (쌍립은 끊을 수 없다)

쌍립을 끊으려는 것은 어리석은 행
동입니다.

만일 흑1이면 백2로 잇고 흑3이
면 백4로 이어서 백 전체가 연결된
모습입니다.

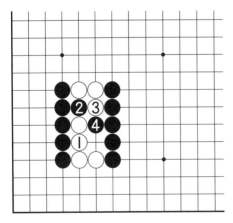

32도

32도 (튼튼하지만 끊어진다)

그런데 만일 백이 튼튼하게 잇는다
고 해서 1로 두었다고 가정해봅시
다. 그러면 이번에는 흑2, 4로 끊을
수 있겠지요. 따라서 쌍립을 꼭 기
억해두기 바랍니다.

바둑은 집이 많아야 이기는 게임입니다. 처음에는 효율적인 집을 짓느라 한칸이나 날일자를 활용하며 서로 싸우다보면 다양한 모양의 집이 생기겠지만, 집의 완성 단계에서는 우선 둘러싼 외벽에 약점이 없어야 합니다. 그렇다면 이번 테마에서 완성된 집은 어떤 모습일지 알아봅니다.

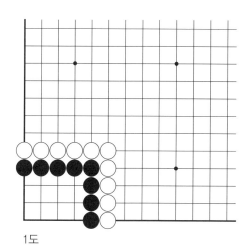

1도

1도 (12집 완성)

이 그림에서 귀의 흑은 완성된 집입니다. 그리고 집을 계산하면 12집(4×3)입니다.

2도

2도 (흑집에 약점이 있다)

이 그림의 흑은 a에 약점이 있어 완성된 집이 아닙니다. 이대로 놔두면 흑은 크게 다치겠지요.

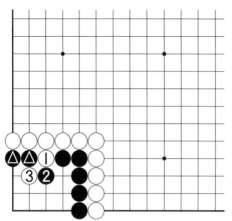

3도

3도 (흑집 파괴)

백1로 들어가서 흑2로 막을 때 백3
으로 끊으면 흑▲ 두점이 잡힙니다.

　이러면 흑집이 파괴되며 나머지
흑도 위험한 모습이지요.

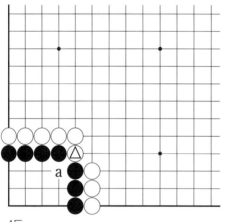

4도

4도 (끊는 약점이 있다)

완성된 집처럼 보여도 흑집 외벽에
백△가 놓인다면 a에 약점이 생겨
흑은 완성된 집이 아닙니다. a로 단
점을 이어야 집이 완성되겠지요.

　백이 a로 끊으면 어떤 결과가 일
어나는지 생각해보세요.

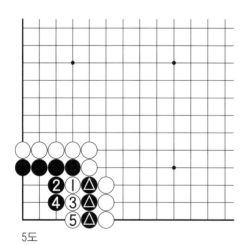

5도

5도 (오른쪽 벽이 잡힌다)

백1로 끊을 때 흑2, 4로 단수치면
백은 5까지 오른쪽 벽이었던 흑▲
석점을 따냅니다.

　그런데다가 왼쪽 흑도 위험한 모
습이지요.

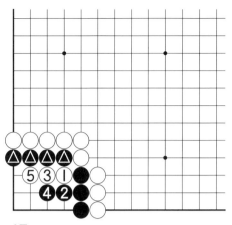

6도

6도 (위쪽 벽이 잡힌다)

백1 때 흑2, 4로 아래쪽에서 단수 치면 이번에는 백이 5까지 위쪽 벽이었던 흑▲ 넉점을 잡을 수 있습니다.

이처럼 끊는 약점 하나만으로도 집이 와르르 무너질 수 있습니다.

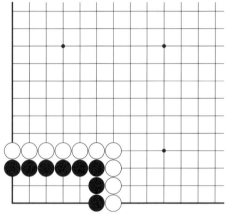

7도

7도 (10집 완성)

이 그림에서 귀의 흑은 완성된 집입니다. 흑은 아무런 약점이 없죠.

그리고 집을 계산하면 10집(5×2)입니다.

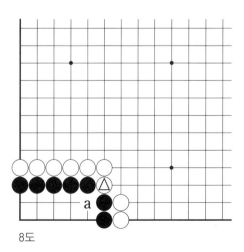

8도

8도 (약점이 생겼다)

흑집 외벽에 백△가 놓인다면 a에 약점이 생겨 흑은 완성된 집이 아닙니다.

흑이 이대로 방치하면 어떻게 될까요?

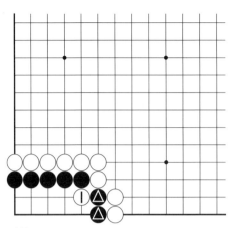

9도

9도 (흑집 파손)

백1로 끊으면 흑▲ 두점이 단수가
되어 잡힌 모습입니다. 이러면 흑집
이 크게 파손되지요.

　당장 흑은 나머지를 살리기 위해
집수리를 해야 합니다.

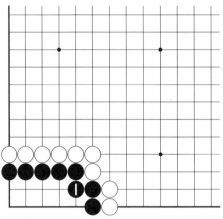

10도

10도 (9집 완성)

따라서 흑은 집이 파괴되기 전에 1
로 이어서 지켜야 하겠지요. 그러면
9집이 완성됩니다.

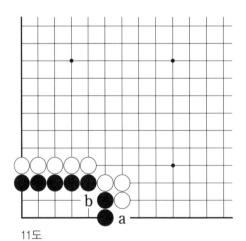

11도

11도 (당장 지키지 않아도 된다)

이 형태라면 a에 활로가 있어 당장
흑은 b로 지키지 않아도 됩니다.

　미리 지키면 그만큼 효율이 떨어
질 테니까요.

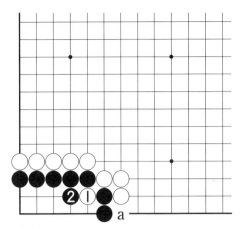

12도

12도 (백 한점이 잡힐 뿐)

만일 백1로 끊으면 흑2로 단수쳐서 백 한점을 잡으면 됩니다. a로 막혀 있지 않아 가능한 일이죠.

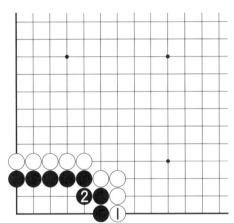

13도

13도 (막을 때 이어도 된다)

백1로 막을 때라야 흑2로 이어도 늦지 않습니다. 바둑은 효율 게임이기도 하므로 필요할 때 두는 것이 중요하지요. 이제 흑은 9집으로 완성되었습니다.

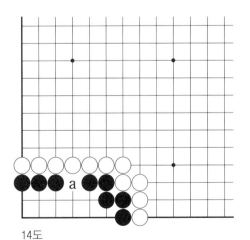

14도

14도 (완성된 집인가?)

이 그림에서는 흑집에 a의 약점이 있습니다.

　이 상태에서도 흑은 완성된 집인지 생각해보세요.

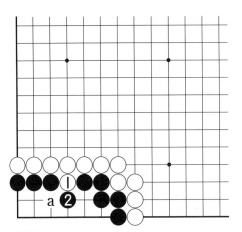

15도

15도 (10집 완성)

백1로 들어와도 흑2로 막을 수 있습니다. 다음 백은 a에 끊을 수 없습니다. 그러고 보니 이제 흑은 10집으로 완성되었습니다.

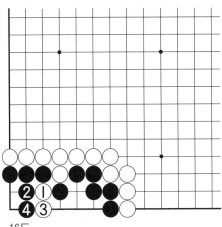

16도

16도 (백이 잡힐 뿐)

만일 백1로 끊으면 흑은 2, 4로 단수쳐서 백 두점을 잡을 수 있습니다. 따라서 흑은 14도 상태에서도 허술한 집이 아닙니다.

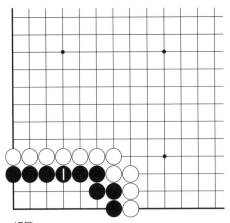

17도

17도 (11집 완성)

만일 흑한테 기회가 생기면 1로 이어서 벽을 메우면 됩니다. 그러면 11집의 완성된 집이 되지요.

다시 말해 흑1이 없어도 흑은 10집의 완성된 집이 보장됩니다.

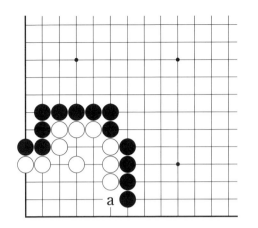

18도

18도 (부실한 집)

이 그림에서 백은 a에 약점이 있어 당장은 아주 부실한 집입니다. 이 백집을 완성시켜 보세요.

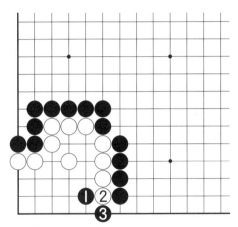

19도

19도 (백집 파손)

백이 이대로 방치하면 흑1로 한칸 들어오는 수가 고약합니다.

백2로 끊으려 해도 흑3이면 연결하는 모습입니다. 그러면 백집이 크게 파손되지요.

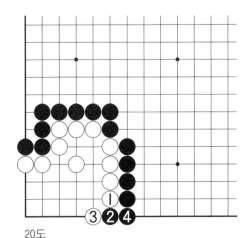

20도

20도 (마지막 관문)

따라서 백은 1로 일단 막아야 하겠지요.

다음 흑2로 들어오면 백3으로 단수칩니다. 흑4로 잇고 나서가 마지막 관문입니다.

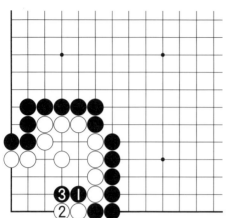

21도

21도 (백집 파손)

이대로 백이 방치하면 흑1로 끊으며 단수치는 수가 아픕니다.

백2로 나가봐야 흑3으로 계속 단수쳐서 살릴 수 없으니 백은 손해만 커질 뿐이죠. 그러면 역시 백집이 크게 파손됩니다.

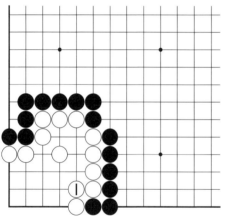

22도

22도 (17집 완성)

따라서 백은 1로 집안의 약점을 이어야 완전합니다.

이제 집을 꼼꼼히 세기만 하면 됩니다. 백은 17집으로 완성되었습니다.

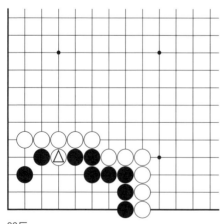

23도

23도 (외벽에 상대 돌이 들어올 경우)

이 그림은 흑집 외벽에 백△가 들어가 있습니다. 이 흑집을 완성시켜 보세요.

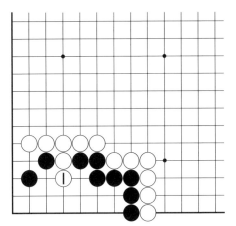

24도

24도 (흑집 관통)

이대로 흑이 방치하면 백은 1로 흑집을 관통합니다.

그러면 흑집은 모두 산산조각이 나겠지요.

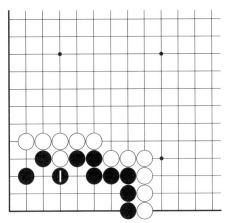

25도

25도 (일단 막으면 흑집 보장)

따라서 흑은 일단 1로 외벽의 틈새를 막아야 합니다.

이렇게 막고 나면 아직 미비한 곳이 있지만 흑은 완성된 집이 보장되지요.

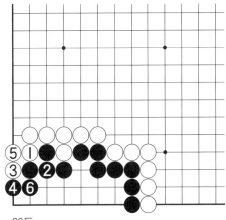

26도

26도 (13집 완성)

계속해서 백1로 단수치면 흑2로 잇고, 백3에 들어오면 흑4로 단수친 후 6에 잇습니다. 그러면 모든 벽이 완결되었습니다.

이제 집을 꼼꼼히 세 봅시다. 흑은 13집으로 완성되었습니다.

테마① 확실한 연결을 이음이라 한다. 이어진 돌은 힘이 아주 강하다. 특히 상대 돌을 관통하며 이어지면 힘이 더욱 붙는다. 대각 방향도 활로는 따로 분리되지만 이어진 모습이다. 중앙에 외롭게 존재하는 돌도 귀나 변과 손을 잡으면 강해진다. 변의 가장자리에서 넘으면서 연결하면 돌이 강해진다.

테마② 연결통로를 차단하는 행위를 끊음이라 한다. 상대의 돌을 끊으면 양쪽으로 분리되어 돌의 힘이 약해진다. 특히 이으면서 끊으면 가장 효과적이다. 끊어지면 다음 전투에서 힘을 발휘하기 어렵다. 서로 모양을 이으면서 강하게 정비하는 것이 바둑을 두는 요령이다. 중앙의 돌이 끊어지면 힘을 잃고 방황하는 처지에 놓인다. 보통 상대가 이어가는 곳이 끊음일 경우가 많다. 상대 돌을 끊으면 이득을 얻을 수 있는 기회가 많다.

테마③ 단점처럼 보이더라도 끊을 수 없는 곳이 있다. 호구는 호랑이의 입이라는 뜻인데 끊을 수 없는 곳이다. 만일 호구에 들어가면 빵따냄만 허용할 뿐이다. 가장자리의 호구도 넘는 모양일 때는 끊을 수 없다. 변의 3선에서는 상대가 끊어도 가장자리 방향으로 몰아가면 끊은 돌을 잡을 수 있다. 중앙은 공간이 넓어 끊은 돌이 쉽게 잡히지 않는다. 중앙에서는 서로 끊어 싸울 수 있다.

테마④ 붙여서 연결하면 집이라는 면에서 가장 효율이 떨어진다. 싸움이 일어나는 경우는 돌이 강해져야 하므로 붙여 연결하는 것이 좋다. 연결을 유지하면서 집을 만드는 데는 한칸과 날일자 모양이 효율적이다. 귀와 변에서 한칸과 날일자는 끊을 수 없는 모양이다. 싸움이 일어나는 경우에도 변에 진출할 때는 한칸과 날일자가 효율적이다. 그래야 눌리지 않고 2선의 패망선을 기지 않는다. 한칸과 날일자는 주변 상황에 따라 선택해야 한다. 쌍립은 효율적인 연결에 유용하다. 쌍립할 곳에서 빈삼각이 되면 돌이 허약해진다. 쌍립으로 전체가 연결되면 그 효과가 극대화된다.

테마⑤ 집의 완성 단계에서는 둘러싼 외벽에 약점이 없어야 한다. 집의 외벽에 끊을 곳이 생기면 집이 크게 파손되기도 한다. 그런 곳은 이어서 확실히 지켜야 완성된 집이 생긴다. 당장 서두르지 않아도 될 곳을 미리 지키면 그만큼 효율이 떨어진다. 부실한 외벽은 확실히 막아야 집이 완성된다. 특히 1선과 2선에서는 확실히 막고 이어야 집이 완성된다.

모양으로 이해하는 핵심 용어

① 이음: 흑1

② 넘음(건넘): 흑1

③ 끊음: 백1

④ 막음: 백1

⑤ 관통: 흑1

⑥ 호구: a의 곳

⑦ 연단수: 백1, 3

⑧ 붙임: 백1

⑨ 한칸

⑩ 날일자

⑪ 쌍립

⑫ 쌍립 연결: 백1

141

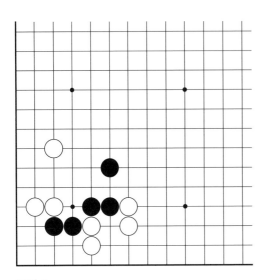

문제 1

▦ 문제 1

이 그림은 흑이 어딘가 부실합니다. 흑 전체를 연결해보세요.

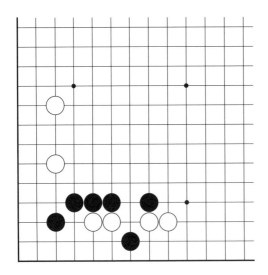

문제 2

▦ 문제 2

끊어서 두 동강 나면 큰 이득을 얻을 수 있습니다.

이 그림에서 흑이 그런 곳을 찾아 끊어보세요.

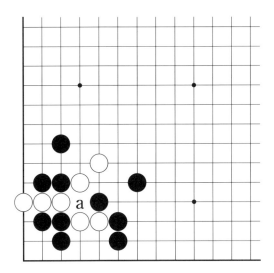

문제 3

▦ 문제 3

끊을 수 없는 자리를 끊으면 오히려 손해를 입습니다. 이 그림에서 흑은 a의 곳을 끊을 수 있는지 생각해보세요.

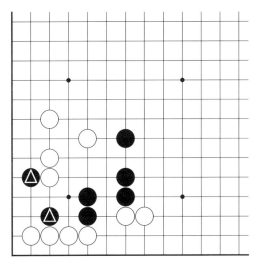

문제 4

▦ 문제 4

이 그림에서 흑▲ 두점이 분리되어 위험합니다. 흑 전체를 확실히 연결해보세요.

쌍립 연결을 기억하기 바랍니다.

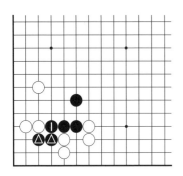

▦ 문제 1 (정답)

흑1로 이으면 흑 전체가 연결된 모습입니다. 만일 백이 1의 곳을 끊으면 흑● 두점이 귀에 갇혀서 잡힙니다.

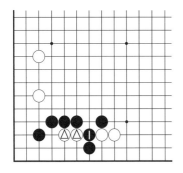

▦ 문제 2 (정답)

흑1로 두면 백을 양쪽으로 끊을 수 있습니다. 그러면 백△ 두점이 잡히며 오른쪽 백 두점도 약해집니다. 흑이 큰 이득을 얻었지요.

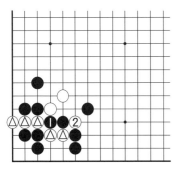

▦ 문제 3 (정답)

만일 흑1로 끊을 수만 있다면 백△들이 모두 잡혀 흑은 큰 성공을 거두겠지요.

그러나 흑1로 끊으면 백2로 단수쳐서 흑 두점이 잡힙니다. 결론은 흑이 끊을 수 없는 곳입니다.

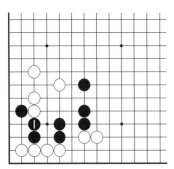

▦ 문제 4 (정답)

흑1로 두면 흑 전체를 연결할 수 있습니다. 바로 쌍립 연결에 해당합니다.

PART 4

궁도와
초보 사활

옥집이란 가짜 집을 말합니다. 현재는 집의 모양처럼 보이더라도 나중에는 메워지는 곳이므로 진짜 집이 아니지요. 이번 테마에서는 이와 같은 옥집의 여러 모양을 살펴보고, 옥집을 만드는 방법에 대해 알아봅니다.

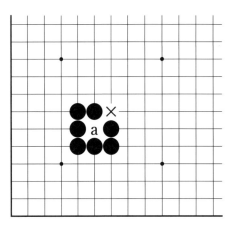

1도

1도 (완전한 1집)

이 그림은 중앙에서 완전한 흑 1집을 보여줍니다.

이 모양의 한쪽 귀퉁이인 ×의 곳에 흑돌이 없더라도 a는 완전한 집이지요.

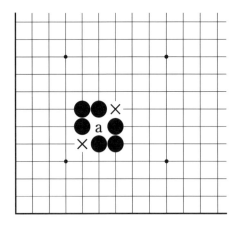

2도

2도 (아직 미완성 집)

이번에는 ×의 곳 양쪽에 흑돌이 없는 모양입니다.

그러면 a는 아직 완전한 집이 아닙니다.

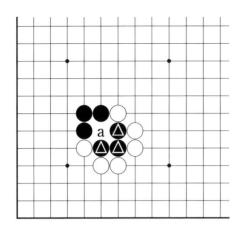

3도

3도 (단수 상태)

만일 백이 이렇게 흑돌을 둘러싼다면 흑의 일부인 ▲ 석점은 단수 상태가 됩니다.

그러면 흑a에 이어 살거나 백a로 흑 석점을 따낼 수 있습니다. 어쨌든 a는 옥집이 되지요.

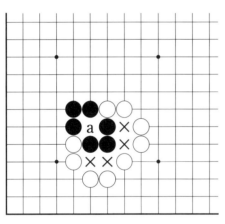

4도

4도 (옥집)

이 그림에서도 a는 집이 아닙니다. ×의 공배가 메워지면 단수가 되어 흑은 이어야 합니다. 역시 a는 옥집이지요.

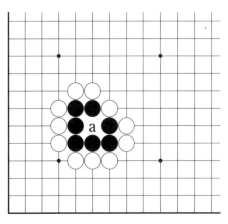

5도

5도 (전체를 둘러싸야 단수)

지금 a는 완전한 1집이므로 이처럼 바깥 활로를 백이 모두 둘러싸야만 흑은 단수가 됩니다.

흑은 완전한 1집이지만 한 눈으로 전체가 죽은 모습이기도 하지요.

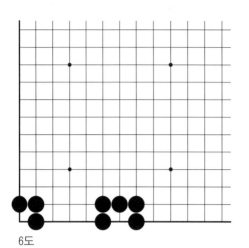

6도

6도 (귀와 변의 1집)

이 그림은 귀와 변에서 완전한 1집을 보여줍니다.

　삶과 죽음의 관점에서는 현재 각각 한 눈이기도 하지요.

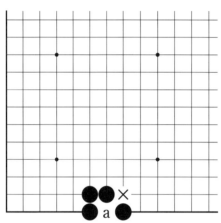

7도

7도 (완전한 집이 아니다)

이 모양에서 한쪽 모서리인 ×의 곳에 흑돌이 없다면 a는 아직 완전한 집이 아니겠지요.

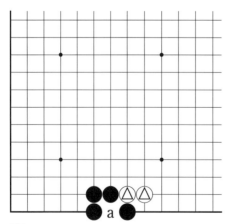

8도

8도 (이어야 하는 옥집)

가령 이 모양처럼 백△가 놓인다면 a는 옥집이 됩니다.

　언젠가는 잇든지 메워지는 곳이기 때문이죠.

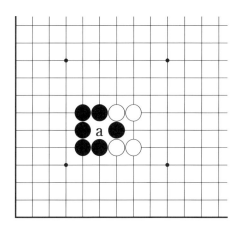

9도

9도 (중앙의 옥집)

이 그림은 중앙에서 아주 간단한
옥집 모양을 보여줍니다. 흑 모양의
a가 옥집이지요.

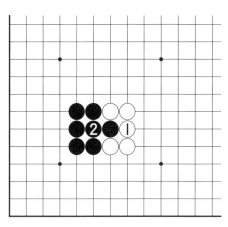

10도

10도 (흑이 잇는 경우)

나중 일이지만 백1로 단수치면 패
가 됩니다.

　흑이 패를 해소하자면 2로 잇겠
지요.

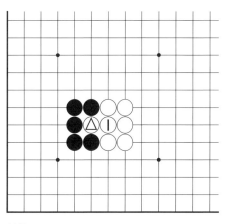

11도

11도 (백이 잇는 경우)

백이 패를 해소하자면 △로 따낸
후 1로 이을 것입니다.

　결국 패를 누가 이기든 이곳 옥
집은 메워지는 곳이지요.

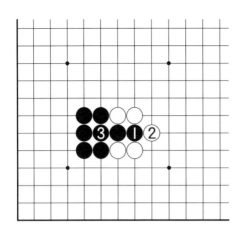

12도

12도 (옥집은 메워지는 곳)

물론 흑1로 나가려 해도 백2로 단
수치면 흑3에 이을 수밖에 없습니
다. 어떤 식이든 옥집은 메워진다는
것을 보여줍니다.

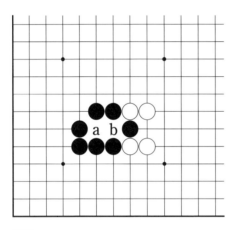

13도

13도 (과연 2집일까?)

이번에는 흑이 a와 b로 2집 모양을
하고 있습니다. 과연 2집이 맞는가
요?

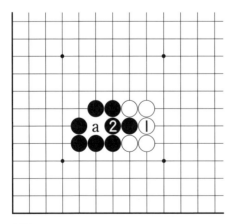

14도

14도 (1집이 정답일까?)

실은 백1로 단수치면 흑2로 이어야
하니 보다시피 a만 남았습니다. 그
렇다면 흑은 1집이 정답일까요?

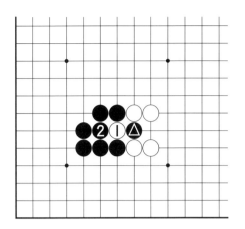

15도

15도 (먹여친다)

실은 그렇지 않습니다. 백1로 흑집 안에서 ▲를 단수치면 흑2로 따내겠지요.

이런 경우 백1의 행동을 '먹여친다'고 불렀습니다. 그리고 나서 결과를 보세요.

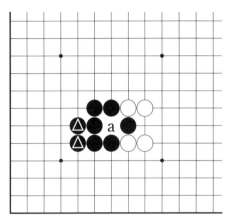

16도

16도 (2집 모양도 옥집)

결국 이런 모양이 됩니다. 그러면 흑▲를 제외하고 9도와 같지 않은가요. 이때 흑▲ 두점은 군더더기와 다름없습니다.

물론 a는 옥집이지요. 이처럼 먹여치는 수법을 이용하면 2집 모양도 옥집으로 만들 수 있습니다.

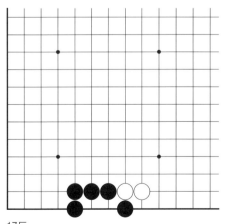

17도

17도 (변에서 옥집 만들기)

이번에는 변에서 2집처럼 보이는 모양입니다. 이곳을 옥집으로 만들어보세요.

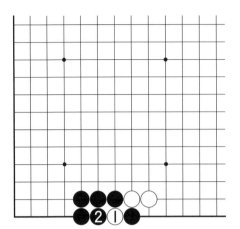

18도

18도 (흑집 안에서 먹여친다)

역시 중앙에서와 같은 방법으로 흑집 안에서 백1로 먹여치면 됩니다. 흑2로 따낸 모양을 볼까요?

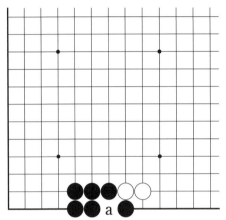

19도

19도 (옥집 모양)

그러면 이런 결과가 됩니다. 역시 흑은 a가 옥집 모양이 되지요.

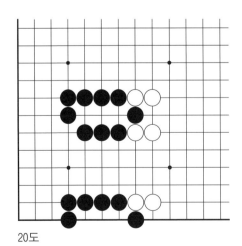

20도

20도 (흑집 모양 줄이기)

이 그림은 흑이 중앙과 변에서 3집처럼 보이는 모양입니다.

이번에는 흑집 모양을 최대한 줄여보세요.

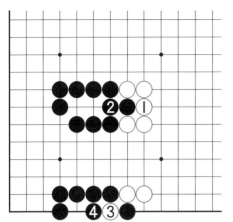

21도

21도 (먹여치는 수법)

만일 단순하게 백1로 단수치면 흑2로 이어서 흑은 완전한 2집 모양입니다. 물론 정답이 아니지요.

여기서도 백3에 먹여치는 수법을 구사합니다. 흑4로 따낸 모양을 볼까요?

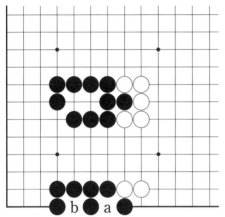

22도

22도 (1집 모양으로 축소)

그러면 이런 결과가 됩니다. 여기서 a는 옥집이므로 흑은 b의 완전한 1집 모양만 남습니다. 중앙 흑도 변처럼 먹여치면 같은 결과를 얻겠지요. 따라서 3집 모양이라도 먹여치는 수법을 이용하면 완전한 1집 모양으로 축소시킬 수 있습니다.

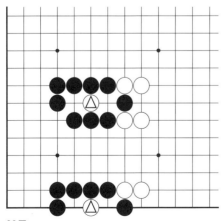

23도

23도 (3집 모양을 옥집으로 만들기)

이 그림은 중앙과 변에서 흑이 3집 모양이지만, 백△가 들어가 있는 것이 다릅니다.

그러면 흑 모양 전체를 옥집으로 만들 수 있습니다.

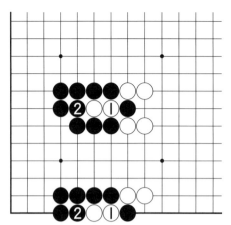

24도

24도 (두점으로 먹여친다)

중앙과 변에서 모두 백1로 먹여칩니다. 백 두점으로 연결된 모습만 다를 뿐 역시 먹여치는 수법에 해당하지요.

다음 흑2로 백 두점을 따낸 모양을 볼까요?

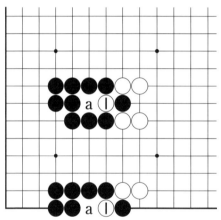

25도

25도 (연속 먹여침)

그러면 이런 결과가 됩니다. 이제 2집 모양이 되었습니다. 다음은 쉽겠지요. 백1로 다시 먹여치면 됩니다. 결국 흑이 a로 백 한점을 따내더라도 이곳은 옥집이 되지요. 연속 먹여침이 과제를 푸는 열쇠였습니다.

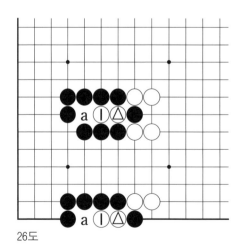

26도

26도 (흑집 안으로 들어간다)

처음 흑의 3집 모양에 백△로 먹여친 돌이 있다면, 이번에는 백1로 들어가면 됩니다.

흑a로 두점을 따내면 이때 백은 △에 먹여칩니다. 그러면 흑의 모양 전체가 옥집이 되겠지요.

바둑에서 '사활'이란 삶과 죽음을 말합니다. 사활을 따지고 계산하는 데
는 '궁도'와 '눈'이라는 용어를 많이 사용합니다. 궁도는 줄여서 '궁'이라
고도 하며 집과 같습니다. 눈은 소수의 집으로 형성된 방이라고 생각하
면 편하지요. 이번 테마에서는 사활의 가장 기본적인 모양인 '3궁도'에
대해 알아봅니다.

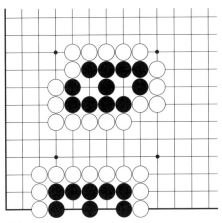

1도

1도 (최소의 삶)

이 그림은 중앙과 변에서 흑이 두
눈의 삶을 보여줍니다. 한 눈에 단
1집씩 최소의 삶이지요.

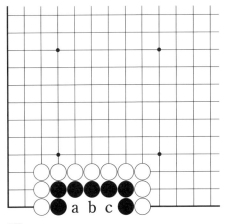

2도

2도 (사활의 기본)

이 그림의 백으로 둘러싸인 흑은 a,
b, c의 3집이므로 사활을 따질 때
는 3궁도입니다.

　그리고 현재 3집으로 형성된 한
눈이기도 하지요. 여기부터 사활의
기본이 시작됩니다.

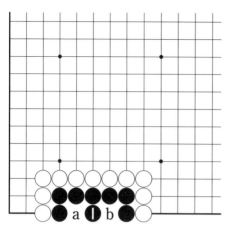

3도

3도 (두 눈의 삶)

3궁도에서는 흑1로 1집씩 두 눈을 만들면 사는 모습입니다. a도 1집이고 b도 1집인 두 눈의 삶이지요.

백은 a와 b가 착수금지 자리여서 흑을 잡을 수 없습니다.

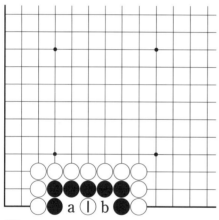

4도

4도 (흑의 경우)

반대로 백1로 두 눈을 방해하면 흑이 살 수 없습니다. 왜 그런지 알아봅시다.

우선 흑은 a와 b에 둘 수 없습니다. 그러면 단수가 되어 백이 따내기 때문이죠.

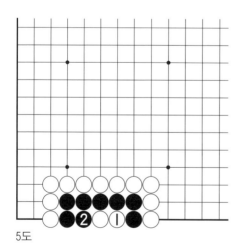

5도

5도 (백의 경우)

백은 1로 단수칠 수 있습니다. 다음 흑은 2로 백 두점을 따내겠지요.

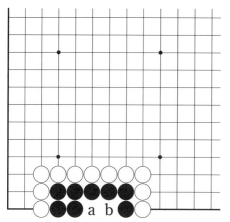
6도

6도 (2집의 한 눈뿐)

그러면 이 모양이 됩니다. 결국 a, b의 2집으로 축소되며 흑은 한 눈뿐이므로 앞에서 배운 대로 죽음이지요.

따라서 4도 백1로 두는 순간 흑의 죽음으로 인정합니다. 나중에 대국이 끝나면 백은 흑돌을 판에서 들어내기만 하면 되겠지요.

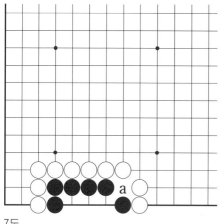
7도

7도 (완전하지 않은 3궁도)

이 그림은 흑이 3궁도처럼 보이지만 완전하지 않습니다. a가 비어있음을 주목해야 합니다. 그러면 흑의 사활이 어떻게 될까요?

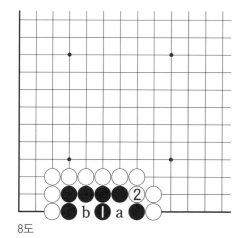
8도

8도 (한 눈에 불과)

이번에는 흑1로 두더라도 두 눈을 만들 수 없습니다. 백2로 단수치면 a가 옥집이 되며, 흑은 b의 한 눈에 불과합니다.

흑은 이대로 죽음이죠. 사실 7도 장면에서 흑은 이미 죽어있습니다.

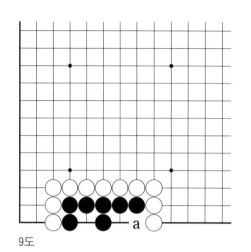

9도

9도 (벽이 없는 모양)

이 그림의 흑은 a의 벽이 형성되지 않았습니다.

　이 모양은 a를 누가 두느냐에 따라 흑의 삶과 죽음이 결정됩니다.

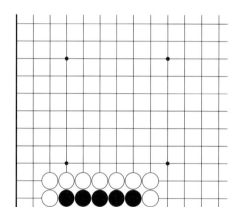

10도

10도 (두 눈의 삶)

흑1로 두면 두 눈이 확정되어 사는 모습입니다. 3도와 같은 결과이기도 하지요.

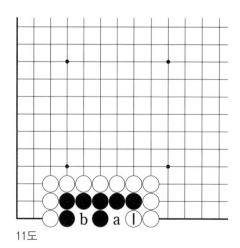

11도

11도 (한 눈의 죽음)

백1로 두면 a가 공배가 되며, 흑은 b의 한 눈뿐이라 이대로 죽음입니다. 다시 말해 1의 곳이 다른 한 눈을 좌우하지요.

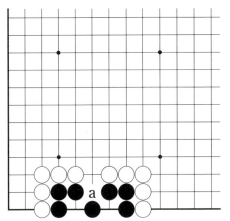

12도

12도 (호구 모양의 사활)

이 그림은 모양이 특이한데, 과연 흑의 사활이 어떻게 될까요?

a가 호구 모양이라 백이 들어갈 수 없음에 주목해야 합니다.

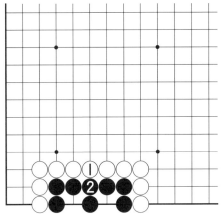

13도

13도 (두 눈의 삶)

여기는 백1로 두면 흑2로 이을 수 있습니다. 따라서 두 눈의 삶이지요. 3도, 10도와 같은 결과이기도 합니다.

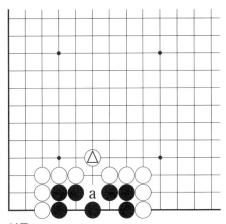

14도

14도 (문제를 푸는 열쇠)

이 그림처럼 백△가 묘하게 놓여있다면 상황이 달라집니다.

그러면 백도 호구 모양이 되는데, 이런 경우에는 백이 a에 들어갈 수 있는지 여부가 문제를 푸는 열쇠입니다.

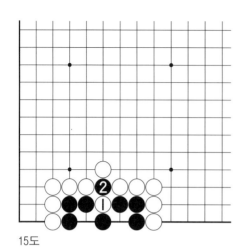

15도

15도 (패의 모양)

이 모양에서는 백1로 들어갈 수 있습니다. 그러면 패가 되는 모습이지요. 우선 흑2로 따낼 텐데~

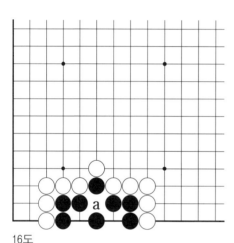

16도

16도 (패의 승부가 사활을 결정한다)

그러면 이 모양이 됩니다. 결국 a의 패를 누가 이기느냐에 따라 사활이 결정되지요.

물론 흑이 이기면 삶이고, 백이 이기면 흑의 죽음입니다.

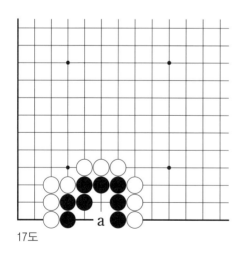

17도

17도 (사활의 이치는 통한다)

이 그림은 흑의 모양이 삼각형으로 된 3궁도입니다. 사활의 이치는 서로 통합니다. 즉 이 모양에서는 a를 누가 두느냐에 따라 사활이 결정됩니다.

흑이 두면 두 눈으로 살고, 백이 두면 한 눈뿐이라 흑의 죽음입니다.

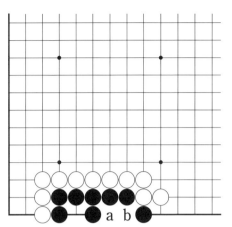

18도

18도 (2집 모양이 초점)

이 그림에서는 흑의 사활이 어떻게
될까요?

이 모양은 a, b의 2집처럼 보이
는 오른쪽 집이 초점입니다.

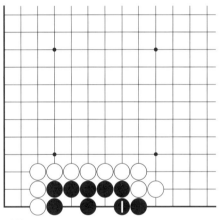

19도

19도 (약점을 지켜야 삶)

오른쪽 집은 흑이 1로 약점을 지켜
야 확실한 눈이 보장됩니다. 이제
두 눈의 삶을 확인할 수 있겠지요.

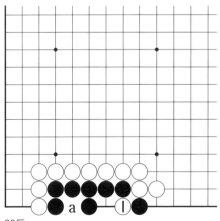

20도

20도 (먹여치면 옥집으로 죽음)

흑이 방치하면 백1로 먹여치는 수
법이 통합니다.

그러면 오른쪽은 옥집이 되며,
흑은 a의 한 눈뿐이라 죽음을 면할
수 없겠지요.

사활에서 '4궁도'는 4집을 갖춘 눈 하나를 말합니다. 여기에는 모양에 따라 직4궁, 곡4궁, 번개4궁, 삿갓4궁, 바보4궁 등이 있습니다. 이번 테마에서는 이들 집의 모양에 따라 사활은 어떻게 결정되는지 알아봅니다.

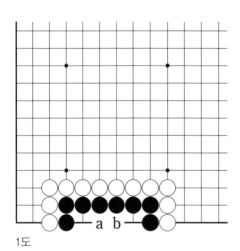

1도

1도 (직4궁의 사활)

이 그림은 흑이 일렬로 4집을 갖춘 모양입니다. 일명 '직4궁'이라 부르지요.

이 경우는 두 눈을 나누는 곳이 a와 b의 두 군데이므로 이대로 살아있습니다.

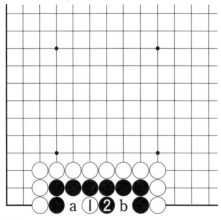

2도

2도 (두 눈의 삶)

가령 백1로 왼쪽에 들어오면 흑2로 두 눈을 확보합니다.

이제 백은 a와 b가 착수금지 자리여서 흑이 사는 데 문제없습니다. 역시 두 눈의 삶이지요. 흑은 백 한 점을 잡았으므로 집의 가치도 4집 그대로입니다(잡은 돌 하나는 2집으로 계산).

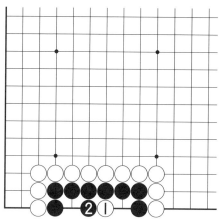

3도

3도 (직4궁은 살아있는 모양)

백1로 오른쪽에 들어와도 흑2로 역시 두 눈을 확보합니다.

따라서 직4궁은 그 자체로 살아 있는 모양이지요.

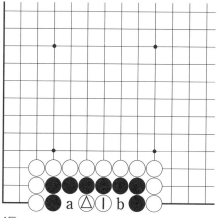

4도

4도 (흑은 둘 수 없다)

백△로 들어올 때 흑이 방치하면 상황은 달라집니다. 그러면 나머지 두 눈을 구분하는 1의 요소를 백이 차지합니다. 그런 후 흑의 사활이 어떻게 되는지 알아볼까요?

일단 흑은 a와 b에 둘 수 없습니다. 스스로 단수가 되어 백이 따내기 때문이죠.

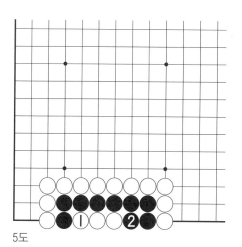

5도

5도 (백이 두는 경우)

백은 1로 둘 수 있습니다. 다음 흑은 2로 백 석점을 따내겠지요.

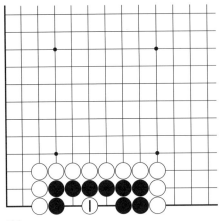

6도

6도 (3궁도의 죽음)

그러면 이런 모양이 됩니다. 앞에서 배웠던 3궁도이죠. 이때 백1로 두 눈을 구분하는 곳에 두면 흑은 죽은 모습입니다. 참고로 백1처럼 모양의 급소에 두는 행위를 '치중'이라 합니다.

정리하면 4도 백1로 두는 순간 흑은 그대로 죽음이지요.

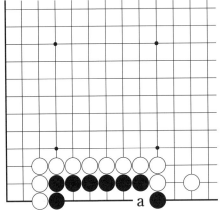

7도

7도 (옥집 모양의 사활은?)

이 그림은 직4궁의 응용입니다. a가 옥집 모양인데, 그러면 흑의 사활은 어떻게 될까요?

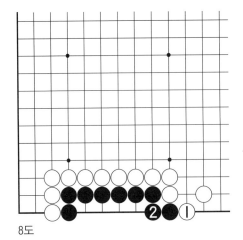

8도

8도 (직4궁의 삶인가?)

백1로 단수치면 어차피 흑2로 이어야 합니다. 그래서 2의 곳을 옥집이라 했지요.

그러고 보면 흑은 직4궁 모양입니다. 이대로 흑은 살아있습니다. 그렇다면 7도의 사활은 흑의 삶인가요?

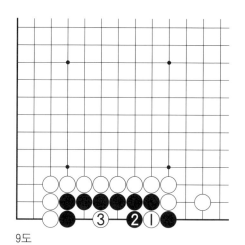

9도

9도 (먹여치면 3궁도의 죽음)

실은 그렇지 않습니다. 백1로 먹여
치는 수법이 있습니다.

흑2로 따내면 3궁도가 되어 백3
에 치중하면 흑의 죽음을 확인할
수 있지요. 이때 1의 곳은 옥집에
불과합니다.

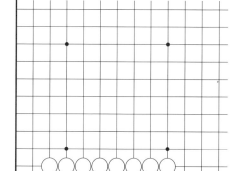

10도

10도 (옥집을 이으면 직4궁의 삶)

흑도 이 모양을 살리려면 1로 옥집
을 이어야 합니다. 그래야 확실한
직4궁으로 살 수 있습니다.

7도의 결론은 흑이 두면 살고,
백이 두면 죽음입니다.

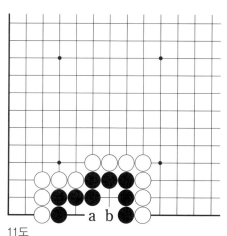

11도

11도 (곡4궁의 사활)

이 그림의 흑은 한쪽이 꺾인 모양
입니다. 이를 '곡4궁'이라 부릅니다.

이 경우도 두 눈을 나누는 곳이
a와 b의 두 군데이므로 이대로 살
아있습니다.

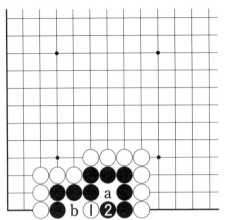

12도

12도 (두 눈의 삶)

만일 백1로 왼쪽에 들어오면 흑2로 두 눈을 확보합니다.

역시 백은 a와 b가 착수금지 자리여서 흑이 사는 데 문제없지요.

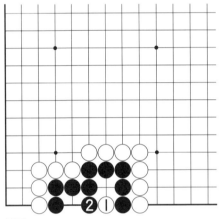

13도

13도 (곡4궁은 살아있는 모양)

백1로 오른쪽에 들어와도 흑2로 역시 두 눈을 확보합니다.

따라서 이런 곡4궁은 그 자체로 살아있는 모양이지요.

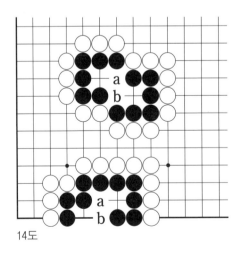

14도

14도 (번개4궁)

이번에는 중앙과 변에서 다른 모양을 보여줍니다. 얼핏 번개모양을 연상하므로 '번개4궁'이라 해도 좋습니다.

각각 두 눈을 나누는 곳이 a와 b의 두 군데이므로 이대로 살아있습니다.

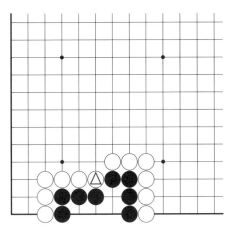

15도

15도 (외벽이 다른 경우)

이 그림은 곡4궁이지만 흑의 외벽
에 백△가 있다는 점이 다릅니다.

그러면 흑의 사활은 어떻게 되는
지 생각해보세요.

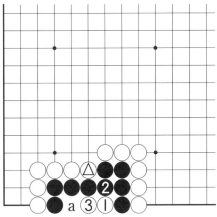

16도

16도 (곡4궁의 치명적 약점)

이 모양은 백△가 있다는 것이 흑
의 치명적 약점입니다. 그로인해 백
1로 단수치면 흑2로 이어야 하고
백3으로 들어가서 흑 전체가 단수
에 몰립니다. 다음 흑a로 백 두점을
따내봤자 2집의 한 눈뿐이죠.

곡4궁이라도 이런 경우는 흑의
죽음입니다.

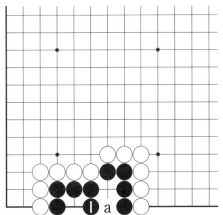

17도

17도 (두 눈을 확보해야 산다)

따라서 이 모양이라면 흑은 1이나
a로 먼저 두 눈을 확보해야 살 수
있습니다.

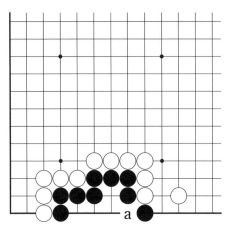

18도

18도 (옥집이 있는 곡4궁)

이 그림은 곡4궁의 응용형입니다. a가 옥집 모양인데, 그러면 흑의 사활은 어떻게 될까요?

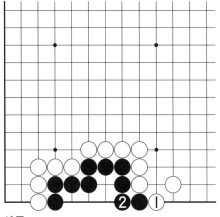

19도

19도 (서둘러 단수치는 경우)

백1로 단수치면 자연스럽게 완전한 곡4궁이 형성됩니다.

　이대로 흑은 살아있지요. 백이 서둘러 단수쳐서 살려준 꼴입니다.

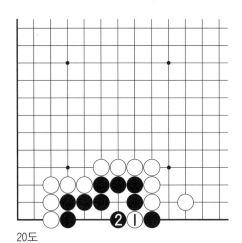

20도

20도 (따내면서 두 눈 확보)

백1로 먹여치는 수법은 직4궁에서는 통했지만 여기서는 그렇지 않습니다.

　흑2로 백 한점을 따내는 순간 흑은 자연스럽게 두 눈이 형성됩니다.

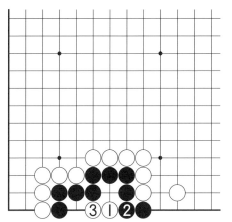

21도

21도 (3궁도의 죽음)

이때는 백1의 치중이 좋은 수법입니다. 흑2로 이으면 백3에 들어가서 흑은 3궁도의 죽음입니다. 4도와 같은 이치이죠.

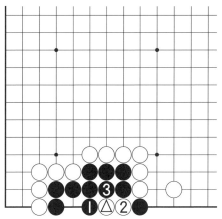

22도

22도 (먹여치는 수법)

백△에 흑1로 왼쪽에 한 눈을 마련하면, 이번에는 백2로 먹여치는 수법이 통합니다. 흑3으로 백 두점을 따내더라도~

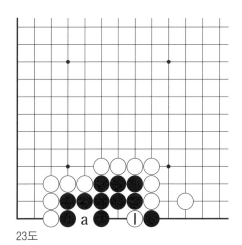

23도

23도 (연속 먹여침)

이런 모양인데, 이때 백1로 다시 먹여치면 오른쪽이 옥집 모양이 됩니다. 그러면 흑은 a의 한 눈뿐이라서 죽은 모습이지요.

여기서는 백의 연속 먹여침이 통했습니다.

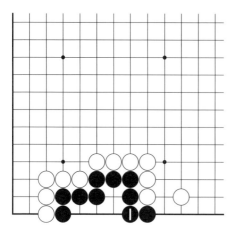

24도

24도 (옥집을 이으면 삶)

흑도 이 모양을 살리려면 1로 옥집
을 이어야 합니다. 그래야 곡4궁으
로 살 수 있지요.

18도 사활의 결론은 흑이 두면
살고, 백이 두면 흑의 죽음입니다.

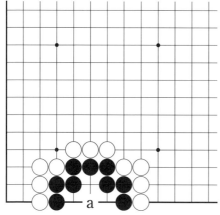

25도

25도 (삿갓4궁)

이 그림에서 흑의 모양은 가운데
부분이 꺾여있습니다. 얼핏 삿갓모
양을 연상하므로 '삿갓4궁'이라 해
도 좋습니다.

이 모양은 a를 누가 두느냐에 따
라 흑의 사활이 결정됩니다. 물론
흑이 두면 눈이 3개로 사는 데 문
제 없지만~

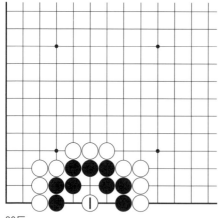

26도

26도 (치중으로 죽음)

백1로 치중하면 흑은 이대로 죽음
입니다. 흑이 두 눈을 만들 곳이 없
기 때문이죠.

이처럼 한방으로 죽는 만큼 삿갓
4궁은 비효율적인 모양입니다.

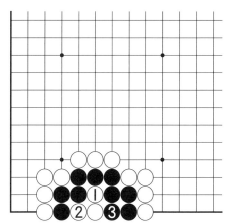

27도

27도 (백의 경우)

참고로 백은 언제든 1과 2를 메워 흑을 죽음으로 몰아갈 수 있습니다. 흑3으로 백 석점을 따내면~

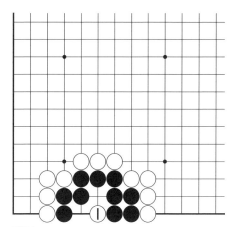

28도

28도 (결국 3궁도의 죽음)

결국 3궁도 모양이 되므로 백1로 치중하면 흑의 죽음입니다.

따라서 26도 백1로 치중하는 순간 흑의 죽음으로 인정합니다.

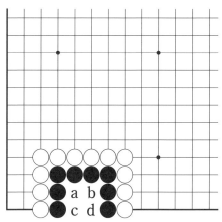

29도

29도 (바보4궁)

이 그림은 흑집이 사각형 모양인데, 흑이 한 수로 두 눈을 만들 수 없습니다. 좀 어리석지 않은가요. 그래서 보통 '바보4궁'이라 부르죠.

흑이 a, b, c, d의 넷 중 어디를 두더라도 3궁으로 축소될 뿐입니다. 흑은 이대로 죽은 모습이지요.

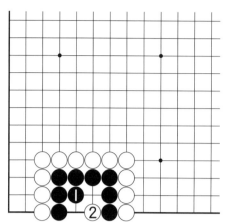

30도

30도 (3궁도의 죽음)

가령 흑1로 두면 3궁 사활이 됩니다. 따라서 백2로 치중하면 흑의 죽음이지요.

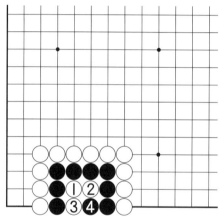

31도

31도 (백의 권리)

백은 언제든 1, 2, 3을 차례로 둘 권리가 있습니다.

　흑이 저항할 수 없기 때문이지요. 흑4로 백 석점을 따내면~

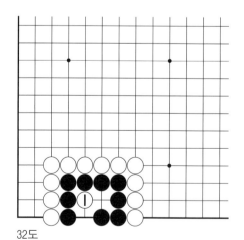

32도

32도 (바보4궁은 죽음으로 인정)

결국 3궁 모양이 됩니다. 역시 백1로 치중하면 흑의 죽음이지요.

　따라서 29도의 바보4궁은 그대로 흑의 죽음으로 인정합니다.

　정리하면 같은 4집의 한 눈이라도 모양에 따라 이미 삶과 죽음이 주어지거나, 먼저 두는 쪽이 삶과 죽음을 결정하기도 합니다.

지금까지는 변에서의 사활을 다루었습니다. 변은 가장자리가 막혔을 뿐 그 이치는 중앙과도 통합니다. 이번 테마에서는 귀에서의 4궁도 사활을 알아봅니다. 4궁도부터 귀의 1선은 묘한 변화가 많습니다. 그래서 묘한 상황에서 파생된 사활의 규칙도 숙지해야 합니다.

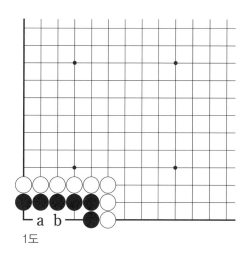

1도

1도 (귀의 직4궁)

이 그림은 흑이 귀에서 일렬로 4집 모양이므로 직4궁입니다.

귀의 직4궁도 두 눈을 만드는 곳이 a와 b의 두 군데이므로 이대로 살아있습니다.

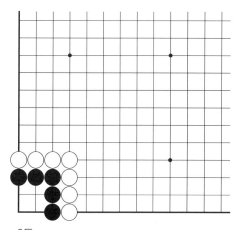

2도

2도 (귀의 바보4궁)

이 그림 흑의 모양은 귀에서의 바보4궁입니다. 바보4궁은 한 수로 두 눈을 만들 수 없으므로 흑은 이대로 죽은 모습입니다.

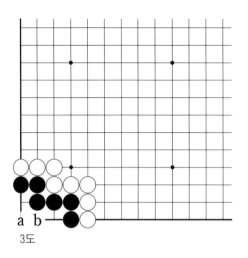

3도

3도 (귀의 곡4궁)

이 그림은 귀의 곡4궁입니다. 언뜻 두 눈을 만드는 곳이 a와 b의 두 군데이므로 흑이 이대로 살아있다고 생각하면 오산입니다.

　이 모양은 귀의 1선에서 묘한 상황이 연출됩니다.

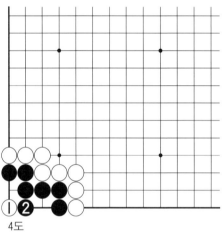

4도

4도 (두 눈의 삶)

물론 백1로 왼쪽에 치중하면 흑2로 두 눈을 만들 수 있습니다. 이러면 사는 데 아무 문제없지요.

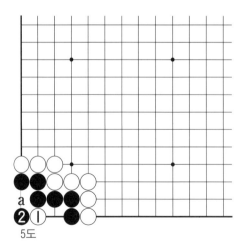

5도

5도 (패의 모양)

문제는 백1로 오른쪽에 치중할 경우입니다. '1선에서 붙임'이라고 표현해도 좋겠지요. 그러면 흑2로 두더라도 이번에는 두 눈이 되지 않습니다.

　a가 눈이 아니라 패의 모양이기 때문이죠. 백은 a로 흑 한점을 따낼 수 있습니다.

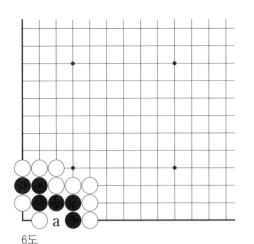

6도

6도 (백이 패를 따낸 모양)

그러면 이 모양이 됩니다. 여기서 백이 패를 이긴다면 a로 흑 전체를 따낼 수 있습니다.

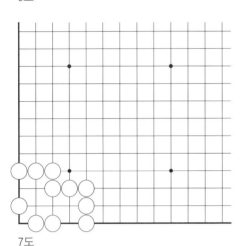

7도

7도 (백이 패를 이긴 결과)

이 그림은 백이 패를 이긴 결과를 보여줍니다. 흑돌이 순식간에 사라진 모습이죠.

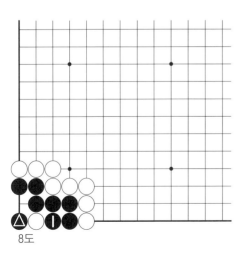

8도

8도 (흑이 패를 이긴 경우)

흑▲로 패가 된 장면으로 돌아가 볼까요. 반대로 흑이 패를 이긴다면 1로 백 한점을 따내며 사는 모습입니다.

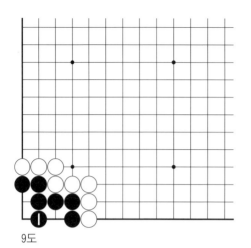

9도

9도 (귀에서 확실한 삶)

따라서 귀의 곡4궁은 흑이 1로 두
눈을 만들어야 확실히 살 수 있습
니다.

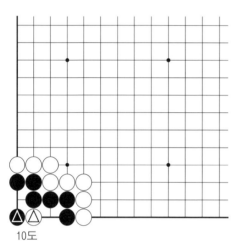

10도

10도 (정리)

이 모양(귀의 곡4궁)의 사활을 정리
해볼까요.

흑 차례이면 살고, 백 차례이면
△에 치중하고 흑▲에 두어서 패가
되는 것이 결론입니다.

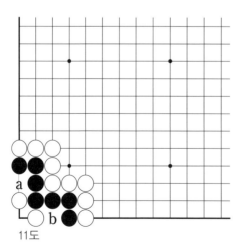

11도

11도 (과제 – 귀의 사활은?)

이번에는 과제 하나를 풀어봅니다.
이 그림에서 흑의 사활은 어떻게
될지 곰곰이 생각해보세요. 귀의 곡
4궁에서 1집이 늘어난 모양인데,
백 두점이 안에 대각으로 들어가
있습니다. 귀에서는 이런 모양이 언
제든지 생길 수 있습니다.

우선 흑은 a와 b에 둘 수 없습니
다. 단수가 되어 백이 따내기 때문
이지요.

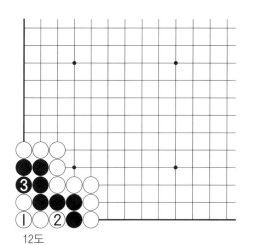

12도

12도 (백의 권리)

반대로 백은 언제든 1과 2를 두어 흑 전체를 단수칠 수 있습니다. 백의 권리이지요. 다음 흑3으로 백 넉점을 따내면~

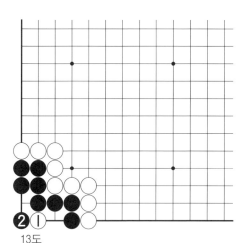

13도

13도 (귀의 곡4궁)

이런 모양이 되는데 바로 귀의 곡4궁입니다.

그러면 10도에서 보았듯이 백1로 치중하고 흑2로 두어 패가 되는 모습입니다.

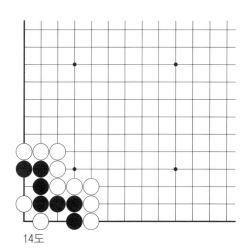

14도

14도 (귀곡사의 죽음)

11도를 다시 제시합니다. 앞에서 보았듯이, 이 사활은 흑은 둘 수 없고 백은 패를 낼 수 있으니 백의 권리가 강합니다.

그래서 바둑 규칙은 이런 경우 흑의 죽음으로 단정합니다. 일명 '귀곡사'라고 부르지요.

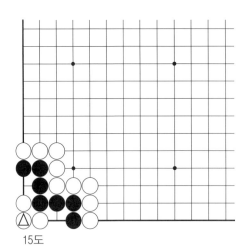

15도

15도 (귀곡사는 죽음의 용어)

이 모양도 귀곡사에 해당합니다. 백 △가 있든 없든 원리가 같기 때문이죠. 바둑 규칙상 흑의 죽음으로 단정합니다.

앞으로 귀곡사는 죽음의 용어라고 기억해두면 편하겠지요.

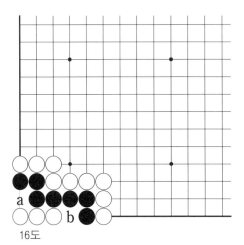

16도

16도 (역시 귀곡사)

이 그림은 아래쪽이 긴 모양이지만 이처럼 백 석점이 들어가 있으면 귀곡사에 해당합니다.

흑은 a와 b에 둘 수 없고, 백은 언제든 a에 단수치면 패의 결과를 도출할 수 있기 때문이죠.

따라서 이대로 흑의 죽음으로 단정합니다.

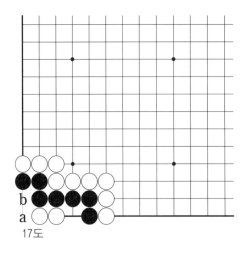

17도

17도 (응용형)

이 그림은 응용형입니다. 흑의 사활을 생각해보세요.

우선 흑이 두면 a로 패를 내는 것이 정답입니다. 백도 b에 두어 패를 내야 할까요. 아니죠. 귀곡사를 기억한다면 a가 정답입니다.

결론은 흑이 두면 패이고, 백이 두면 귀곡사로 흑의 죽음입니다.

사활에서 '5궁도'는 5집 모양의 한 눈을 말합니다. 공간이 넓어진 만큼 두 눈을 만들기가 편해졌지만 '죽음의 5궁'이라 해서 이런 모양은 생사의 기로에 설 수밖에 없습니다. 이번 테마에서 다루는 '자동차5궁'과 '십자5궁'이 바로 죽음의 5궁에 해당됩니다.

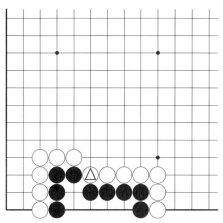

1도

1도 (한쪽이 긴 5궁도)

이 그림은 흑의 5궁도입니다. 이 모양은 한쪽이 일렬로 길어진 만큼 외벽의 마디를 백△로 차지해도 흑이 두 눈을 내는 데 걱정 없습니다.

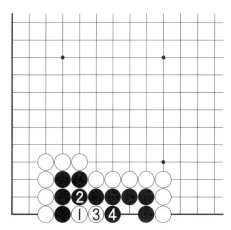

2도

2도 (이미 직4궁 확보)

백1로 단수쳐도 흑2로 이으면 그만이죠. 다음 백3에 들어와도 흑4로 백 두점을 따내면 흑은 두 눈의 삶입니다.

이 결과를 보면 흑은 1도 모양에서 이미 직4궁을 확보하고 있으므로 살아있습니다.

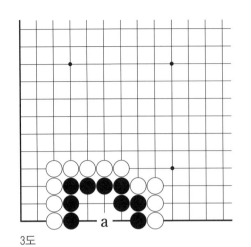

3도

3도 (자동차5궁)

이 그림은 흑의 모양이 자동차를 닮았다 해서 '자동차5궁'이라 부르기도 합니다.

　a가 두 눈을 방해하는 급소가 되므로 흑도 이제는 긴장해야 하지요.

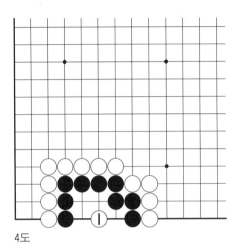

4도

4도 (치중으로 죽음)

이 모양에서는 백1로 치중하는 순간 흑은 죽은 모습입니다. 왜 그런지 알아볼까요.

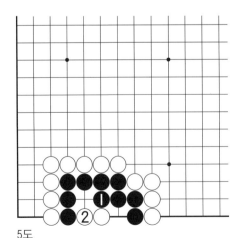

5도

5도 (3궁도의 죽음)

흑이 둔다면 1로 자기 집을 메울 뿐입니다.

　그러면 백2로 눈을 빼앗아 흑은 3궁도의 죽음입니다. 흑이 2쪽을 두어도 백1로 눈을 빼앗으면 역시 3궁도의 죽음이죠.

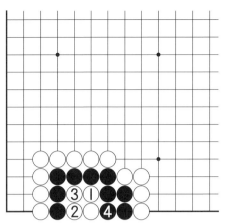

6도

6도 (단수치는 권리)

백은 언제든지 1, 2, 3을 차례로 두어 흑 전체를 단수치는 권리가 있습니다. 다음 흑4로 백 넉점을 따내면~

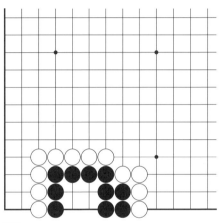

7도

7도 (바보4궁으로 죽음)

흑은 바보4궁으로 변합니다. 바보4궁이라면 이 자체로 흑이 죽은 모습입니다. 따라서 3도의 자동차5궁은 4도 백이 치중하는 순간 흑의 죽음이지요.

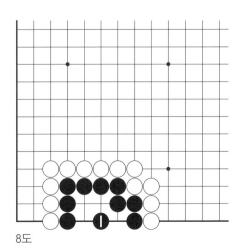

8도

8도 (두 눈을 만들어야 산다)

흑도 이 모양에서 살려면 1로 두 눈을 확실하게 만들어야 합니다. 집이 넓다고 안심하면 안 되지요.

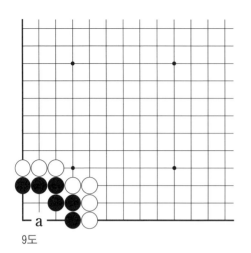

9도

9도 (귀의 자동차5궁)

이 그림은 귀에서의 자동차5궁입니다. 역시 a의 급소를 누가 두느냐에 따라 흑의 삶과 죽음이 달려있지요.

물론 흑이 두면 살고, 백이 두면 흑의 죽음입니다.

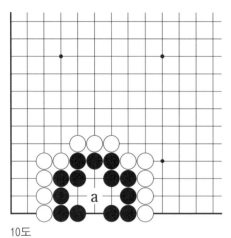

10도

10도 (십자5궁)

이 그림은 흑의 모양이 십자이므로 '십자5궁'이라 합니다.

이 모양은 a가 두 눈을 방해하는 급소입니다.

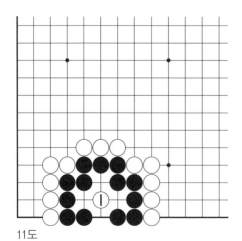

11도

11도 (치중으로 죽음)

백1로 치중하는 순간 흑은 꼼짝없이 죽은 모습입니다. 왜 그런지 이제 알겠지요. 다시 복습해 볼까요?

흑은 어디를 두더라도 소용이 없습니다. 자기 집을 메워 궁도만 축소될 뿐이지요.

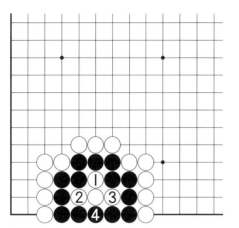

12도

12도 (언제든 잡으러 갈 수 있다)

백은 언제든 1, 2, 3을 차례로 메워
흑 전체를 잡으러 갈 수 있습니다.
흑4로 백 넉점을 따내면~

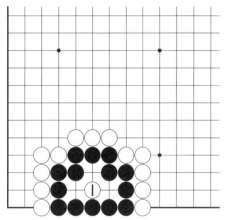

13도

13도 (죽음의 5궁)

흑은 삿갓4궁으로 변합니다. 그러
면 백1로 치중하는 순간 흑의 죽음
이지요. 따라서 10도의 십자5궁은
11도 백이 치중하는 순간 흑의 죽
음입니다.

　이와 같은 이유로 자동차5궁과
십자5궁을 함께 '죽음의 5궁'이라
부르기도 합니다.

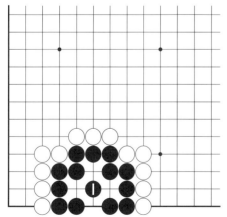

14도

14도 (흑이 사는 방법)

흑도 이 모양에서 살려면 1로 두어
야 합니다. 두는 순간 눈이 4개나
생긴 것이 특이하죠.

　많은 눈이 생겨봤자 아무 이득이
없으므로 이런 모양은 아주 비효율
적임을 기억해두기 바랍니다.

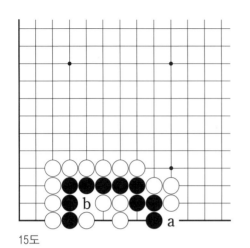
15도

15도 (응용문제)

이번에는 응용문제입니다. 이 모양은 흑의 사활이 어떻게 될까요?

백이 a와 b를 두면 흑 전체가 단수에 몰리므로 위급한 상황입니다.

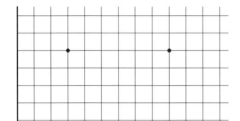
16도

16도 (백 5점을 따낸 이후)

흑은 안의 백을 잡으러 갈 수밖에 없습니다. 그래서 흑1로 단수치면 백2로 잇습니다.

결국 흑은 3으로 백 5점을 따낼 수 있지만~

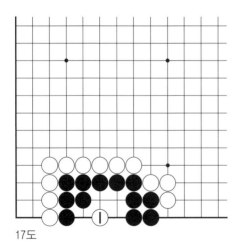
17도

17도 (죽음의 5궁)

이 그림은 백이 따낸 후의 모양입니다. 보다시피 죽음의 5궁이죠.

백1로 치중하는 순간 흑의 죽음을 확인할 수 있습니다.

따라서 15도 장면에서 이미 흑은 죽어있습니다.

이번 테마에서는 변의 2선에서 일렬로 된 돌의 사활을 알아봅니다. 이럴 때는 '육사팔활'이라는 법칙이 적용됩니다. 육사팔활이란 돌 6개면 죽어 있고 8개면 살아있다는 뜻이지요. 그 중간인 돌 7개의 경우는 누가 먼저 두느냐에 따라 사활이 결정됩니다.

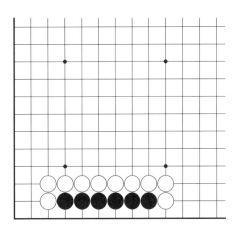

1도

1도 (돌 6개의 사활)

이 그림은 2선에서 일렬로 된 흑돌 6개가 백한테 둘러싸여 있습니다. 흑의 사활은 어떻게 될까요?

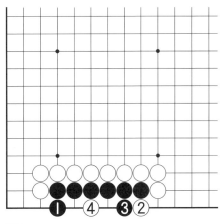

2도

2도 (3궁도의 죽음)

흑1로 왼쪽 궁도를 넓히면 백2로 들어가서 오른쪽 궁도를 좁힙니다. 이때 백2와 같이 대각 방향에서 상대를 압박하는 수를 '젖힘'이라 불렀습니다.

다음 흑3으로 막아도 3궁도입니다. 따라서 백4로 치중하면 흑의 죽음이지요.

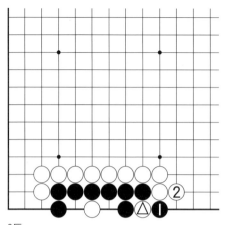

3도

3도 (옥집에 불과)

흑1로 백△를 따내더라도 백2로 흑의 탈출로를 차단하면 △의 곳은 옥집에 불과합니다.

결국 흑은 한 눈뿐이라 죽은 모습이지요.

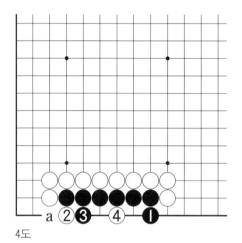

4도

4도 (같은 이치)

흑1로 오른쪽 궁도를 넓혀도 좌우만 다를 뿐 이치는 같습니다. 백2로 젖혀 궁도를 좁힌 후 4의 치중이면 흑의 죽음입니다. 역시 흑a로 백2를 따내봤자 이곳은 옥집이지요.

따라서 1도의 흑돌 6개는 이미 죽어있습니다.

5도 (돌 7개의 사활)

이번에는 2선에서 흑돌 7개의 경우입니다. 흑의 사활은 어떻게 될까요?

5도

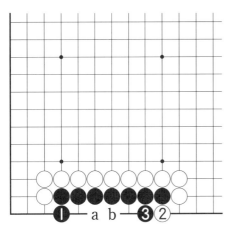

6도

6도 (직4궁으로 삶)

일단 흑은 1로 왼쪽 궁도를 넓혀봅니다. 백2로 궁도를 좁히면 흑3에 막겠지요.

그러고 나서 보면 흑은 직4궁 모양입니다. 두 눈의 자리가 a와 b의 두 군데이므로 흑은 살아있습니다.

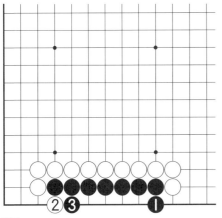

7도

7도 (같은 이치)

흑1로 오른쪽에서 궁도를 넓혀도 결과는 같습니다.

백2로 젖히면 흑3으로 막아 역시 직4궁을 만들 수 있습니다.

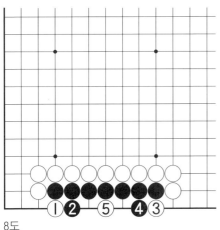

8도

8도 (3궁도의 죽음)

이번에는 백이 먼저 둘 경우를 볼까요?

백1과 3으로 양쪽을 젖히면 흑이 4까지 최선을 다해 막아도 3궁도입니다. 그러면 백5로 치중해서 흑의 죽음입니다.

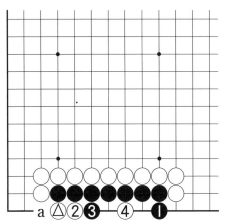

9도

9도 (역시 3궁도)

백△로 젖힐 때 흑1로 오른쪽부터 궁도를 넓히면 백2로 들어갑니다.

그러면 흑3에 막아도 역시 3궁도 이므로 백4에 치중해서 흑의 죽음 입니다. 왼쪽은 흑a면 백 두점을 따 낼 수 있지만~

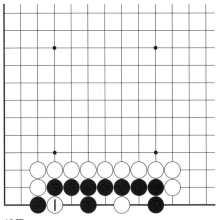

10도

10도 (옥집에 불과)

백1로 먹여치면 이곳은 옥집이므로 흑은 한 눈에 불과합니다.

결론적으로 5도 흑돌 7개인 사활 은, 흑이 두면 살고 백이 두면 흑의 죽음입니다.

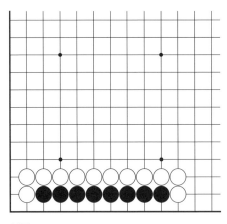

11도

11도 (돌 8개의 사활)

이번에는 2선에서 흑돌 8개의 경우 입니다.

흑의 사활은 어떻게 되는지 생각 해볼까요?

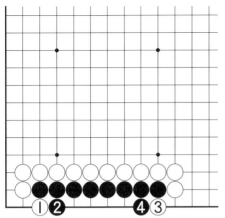

12도

12도 (직4궁으로 삶)

백이 잡으러 가는 경우 1과 3으로 양쪽을 젖히겠지요. 흑이 4까지 막은 모양을 보면 직4궁입니다.

결론적으로 흑돌 8개의 사활은 이대로 살아있음을 알 수 있습니다.

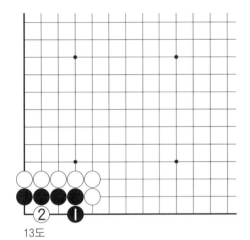

13도

13도 (귀에서 돌 4개는 죽음)

보통 육사팔활은 변에서 사활을 따질 때 적용됩니다. 귀라면 상황이 약간 다릅니다.

이 그림은 2선에서 4개의 흑돌이 일렬로 되어있습니다. 흑1로 집을 넓혀도 3궁도이므로 백2로 치중하면 흑의 죽음이지요.

14도 (직4궁으로 삶)

이번에는 귀에서 흑돌 5개인 모양입니다. 이 경우는 흑1로 궁도를 넓히면 직4궁으로 사는 모양입니다.

14도

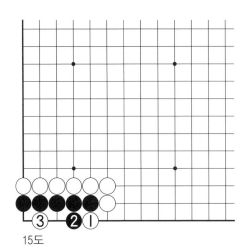
15도

15도 (3궁도의 죽음)

백 차례라면 백1로 젖혀 3궁도로 만든 후 3으로 치중하면 흑이 죽는 모습입니다.

따라서 귀에서 흑돌 5개인 사활 은, 흑이 두면 살고 백이 두면 흑의 죽음입니다.

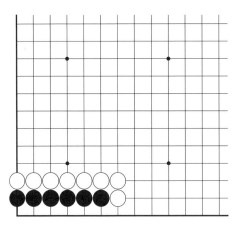
16도

16도 (귀에서 돌 6개의 사활)

이번에는 귀에서 흑돌 6개인 모양 입니다. 이 사활의 결론은 무엇일까 요?

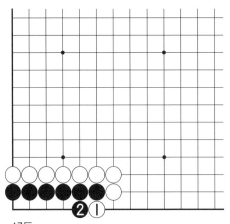
17도

17도 (직4궁으로 삶)

백1로 궁도를 좁히더라도 흑2로 막 으면 직4궁의 삶입니다.

따라서 귀에서 흑돌 6개의 사활 은 이대로 살아있음을 알 수 있겠 지요.

사활에서 '6궁도'는 6집 모양의 한 눈을 말합니다. 공간이 풍부한 만큼 두 눈 만들기는 어렵지 않지만, 잡으러 가는 경우 다양한 변화가 많습니다. 이번 테마에서는 그중에서도 가장 대표적인 '빗꼴'과 '매화육궁'에 대해 알아봅니다.

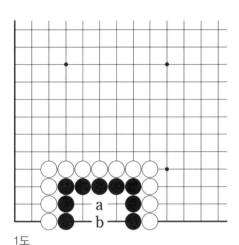

1도

1도 (빗꼴6궁)

이 그림은 흑의 모양이 '6궁도'입니다. 특히 변에서 이런 모양을 '빗꼴'이라 부릅니다.

빗꼴6궁의 사활은 어떻게 되는지 알아볼까요. 일단 급소는 a와 b의 두 군데라고 기억해두지요.

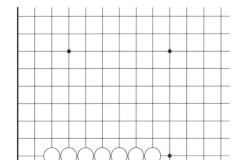

2도

2도 (위쪽 치중의 경우)

우선 백1로 위쪽에 치중하면 흑2로 붙이는 것이 요령입니다.

백3에 들어가면 흑4로 a에 눈을 만들 수 있습니다. 그러면 백 두점을 잡고 흑이 살아있는 모습이지요.

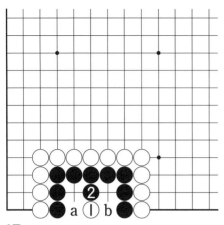

3도

3도 (맞보기로 삶)

이번에는 백1로 아래쪽에 치중해볼까요. 같은 이치로 흑은 2로 붙입니다. 그러면 a와 b 중 하나를 흑이 두면서 눈이 생기므로 사는 모습이죠. 이런 경우를 '맞보기'라 합니다. 즉 흑은 a와 b를 맞보기로 살아있습니다. 결론적으로 1도 변의 빗꼴은 이미 흑이 살아있지요.

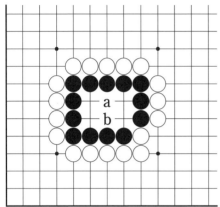

4도

4도 (중앙에서 빗꼴)

이 그림은 중앙에서 빗꼴과 유사합니다. 역시 급소는 a와 b인데 어디에 두든 결과는 같습니다.

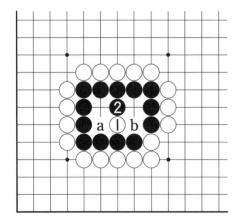

5도

5도 (원리는 같다)

가령 백1로 치중하면 흑2로 붙이는 원리는 같습니다.

그러면 a와 b를 맞보기로 흑은 살아있지요.

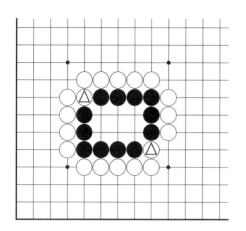

6도

6도 (빗꼴 모양의 변화)

중앙에서 빗꼴이라도 백이 △의 두 자리를 모두 차지하면 상황이 달라집니다.

　이때 흑의 사활을 생각해볼까요. 물론 백이 잡으러 가는 경우입니다.

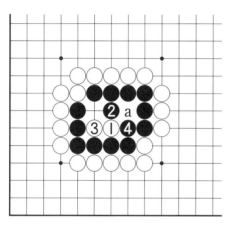

7도

7도 (전과 동일한 결과)

백1로 치중하고 흑2로 붙이는 수순은 전과 똑같습니다.

　이때 백3으로 왼쪽에 들어가면 흑4로 a에 눈을 내며 흑은 살아갑니다. 이러면 전과 아무런 차이가 없습니다.

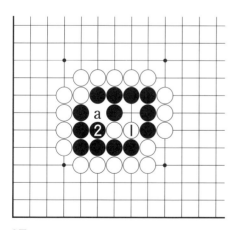

8도

8도 (단수 상태)

이번에는 백1로 오른쪽에 들어가 보죠. 역시 흑2로 a에 눈을 내며 사는 모습일까요?

　그런데 유심히 보면 a는 눈이 아니라 아래 흑 전체가 단수 상태입니다. 백이 a로 두면 흑을 따낼 수 있습니다.

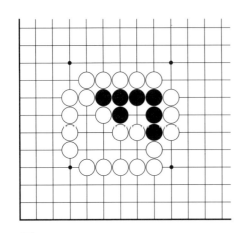

9도

9도 (흑 전체가 잡힌 모습)

그러면 바둑판이 이렇게 변합니다. 흑이 모두 잡힌 모습입니다.

8도 백1로 두는 순간 흑은 그대로 죽은 모습이지요.

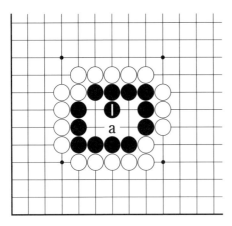

10도

10도 (보강해야 산다)

따라서 흑도 이 모양에서는 1이나 a로 보강해야 살 수 있습니다.

이처럼 돌 하나의 차이가 삶과 죽음을 가르지요.

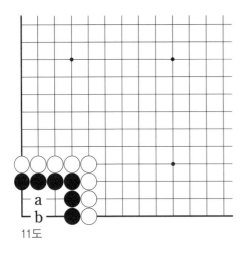

11도

11도 (귀의 빗꼴)

이 그림은 귀에서 빗꼴과 유사합니다. 역시 급소는 a와 b이지만 귀는 변화가 다양한 만큼 결과도 달라집니다.

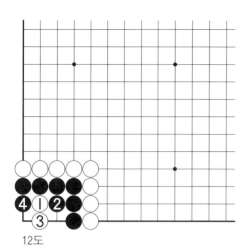

12도

12도 (위쪽에 치중하는 경우)

우선 백1로 위쪽에 치중해볼까요. 물론 흑2면 백3으로 두 눈을 방해합니다.

　다음 흑4로 두어야 하는데, 흑은 3궁도의 죽음입니다.

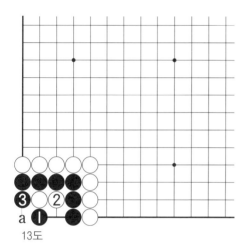

13도

13도 (두 눈의 삶)

흑도 일단 1로 붙여봅니다. 이때 백2로 오른쪽에 들어가면 흑3으로 a에 눈을 내며 흑은 살아갑니다.

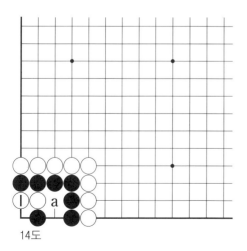

14도

14도 (단수에 걸린다)

백1로 왼쪽에 들어가 볼까요. 이때 흑은 a에 둘 수 없습니다. 이곳에 두면 바깥의 흑 전체가 단수에 걸리기 때문이죠.

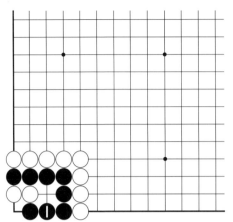

15도

15도 (3궁도의 죽음)

따라서 이 상태에서는 흑이 1로 이을 수밖에 없습니다.

그러면 이 모양은 3궁도가 되어 이대로 흑이 죽은 모습이지요.

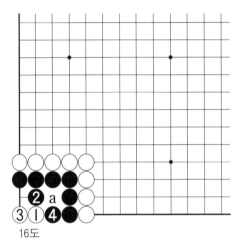

16도

16도 (아래쪽에 치중하는 경우)

처음으로 돌아가, 백1로 아래쪽에 치중하면 어떻게 될까요?

일단 흑2로 붙여 방어해야겠지요. 이때 백이 3으로 왼쪽에 들어가면 흑4로 a에 눈을 내고 살 수 있습니다.

17도 (패의 모양)

이 모양에서는 백1로 오른쪽에 들어가는 것이 좋습니다. 그러면 흑2로 두더라도 a가 패의 모양이 되지요. 이 패를 누가 이기느냐에 따라 삶과 죽음이 결정됩니다.

17도

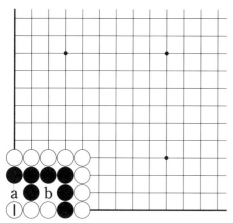

18도

18도 (왜 귀곡사일까?)

흑이 패가 싫다고 이 모양을 방치
하면 어떻게 될까요. 백1로 두면 이
모양도 이전에 배웠던 귀곡사가 되
어 흑이 죽은 모습입니다.

왜 그런지 다시 복습해볼까요.
흑은 a나 b에 둘 수 없는 반면에~

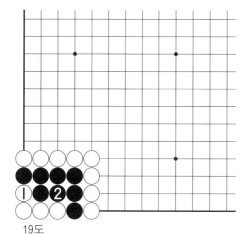

19도

19도 (잡으러 갈 권리)

백은 1로 흑을 잡으러갈 수 있습니
다. 흑2로 백 넉점을 따내면~

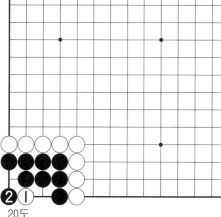

20도

20도 (패의 모양)

이런 모양이 됩니다. 이때 백1로 치
중하면 흑은 2로 패를 만들어야 합
니다. 따라서 18도 모양이 되면, 흑
은 두지 못하고 백은 패를 만들 수
있으니 백의 권리가 강하지요. 그래
서 귀곡사라 하여 흑의 죽음으로
인정합니다.

그건 그렇고 11도 사활의 결론은
14도 흑의 죽음이 정답입니다. 흑
도 살리면 11도에서 a나 b로 지켜
야 하겠지요.

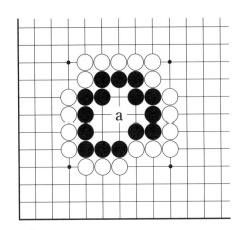

21도

21도 (매화육궁)

이 그림도 흑의 6궁도입니다. 모양이 매화꽃을 닮았다 해서 보통 '매화육궁'이라 부릅니다.

이 모양의 급소인 a를 누가 두느냐에 따라 흑의 사활이 결정됩니다.

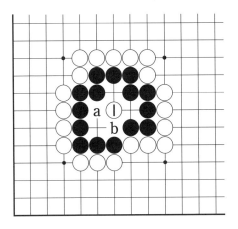

22도

22도 (치중하면 죽는 이유)

백1로 치중하면 이대로 흑은 죽어 있습니다. 왜 그런지 생각해볼까요.

흑은 어디에 두든 궁도만 축소될 뿐입니다. 물론 흑a에 두면 백은 b에 두어 두 눈을 방해해야겠지요 (흑b면 백a).

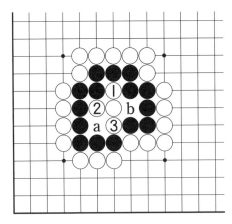

23도

23도 (백의 권리)

백은 언제든 1, 2, 3을 차례로 두어 잡으러 갈 수 있습니다.

다음 백은 a와 b, 어디를 두더라도 흑을 잡을 수 있지요. 우선 백a에 두고 흑b로 백 5점을 따내면~

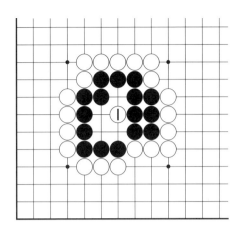

24도

24도 (자동차5궁으로 죽음)

이 모양이 되는데, 일명 자동차5궁
이 되었습니다.

따라서 백1로 치중하면 이대로
흑의 죽음입니다.

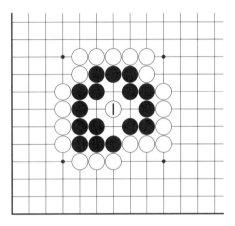

25도

25도 (십자5궁으로 죽음)

이번에는 23도 백b에 두고 흑a로
백 5점을 따내볼까요. 그러면 이 모
양이 되는데, 일명 십자5궁이 되었
습니다. 따라서 백1로 치중하면 역
시 흑의 죽음입니다.

결론적으로 22도 백1로 치중하
는 순간 이미 흑의 죽음이지요.

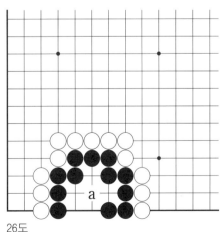

26도

26도 (변의 매화육궁)

이 그림은 변에서의 매화육궁입니
다. a를 누가 두느냐에 따라 흑의
사활이 결정되겠지요.

물론 흑이 두면 살고, 백이 두면
흑의 죽음입니다.

사활에서 '빅'이란 누구도 더 이상 둘 수 없는 모양입니다. 서로 상대의 돌을 잡지 못하므로 빅으로 처리합니다. 사활에서 빅이 되면 삶으로 인정하지만, 나중에 대국이 끝나서 집을 따질 때는 이곳을 제외하고 계산합니다. 이번 테마에서는 빅을 만드는 방법과 빅을 유도하는 수순에 대해 알아봅니다.

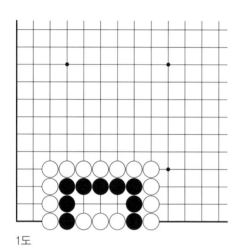

1도

1도 (빗꼴에서 파생된 사활)

이 그림은 흑의 빗꼴에 백 석점이 일렬로 들어가 있는 모양입니다. 이런 경우 흑의 사활을 알아볼까요.

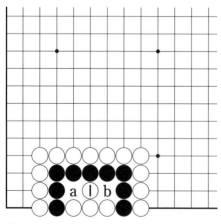

2도

2도 (죽음의 5궁으로 유도)

먼저 백이 두는 경우를 봅니다. 백1로 두면 죽음의 5궁으로 유도할 수 있습니다. 다음 흑은 둘 수 없지만 백은 a와 b, 어디를 두더라도 흑이 따내면 자동차5궁이죠.

자동차5궁은 급소에 치중하면 죽음이었습니다. 따라서 백1로 두는 순간 이대로 흑의 죽음입니다.

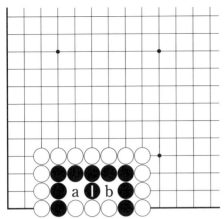

3도

3도 (사활의 급소)

흑이 먼저 두더라도 1의 곳이 급소 입니다. 그러면 흑의 사활은 어떻게 될까요?

우선 흑은 a와 b를 둘 수 없습니다. 두어봤자 단수로 잡히기 때문이지요.

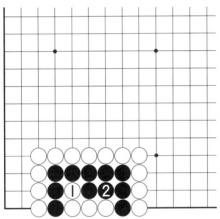

4도

4도 (백의 경우)

백이 두면 어떻게 될까요. 백1이면 흑2로 백 넉점을 따내겠지요.

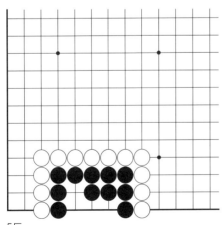

5도

5도 (곡4궁으로 삶)

그러면 보다시피 곡4궁이 되어 흑은 살아있습니다. 따라서 3도 흑1로 두는 순간 서로 둘 수 없으니 이런 경우를 '빅'이라 하지요. 빅도 삶의 일종입니다.

결론적으로 1도의 사활은, 흑이 두면 빅으로 살고 백이 두면 흑의 죽음입니다.

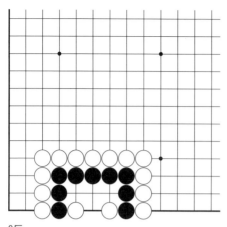

6도

6도 (응용형)

이 그림은 흑의 빗꼴에서 백 두점이 양쪽 벽에 하나씩 붙어있는 모양입니다.

이런 경우 흑의 사활은 어떻게 될까요? 1도의 응용이라고 생각해도 좋습니다.

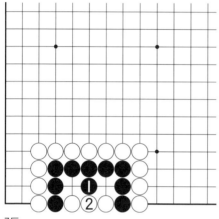

7도

7도 (빅으로 삶)

흑이 두면 1로 백2의 이음을 유도하는 것이 정답입니다.

그러면 3도에서 보았듯이 빅으로 사는 모습이지요.

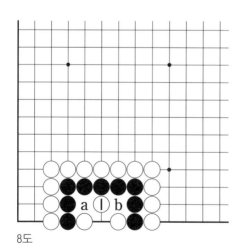

8도

8도 (흑의 죽음)

반대로 백1로 이 모양의 급소에 두면 흑의 죽음입니다.

흑은 a와 b를 둘 수 없지만 백이 두면 흑을 잡을 수 있으니, 이대로 흑의 죽음이지요.

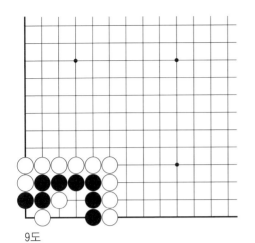

9도

9도 (귀의 6궁도에서)

이 그림은 귀에서 흑의 6궁도에 백 두점이 대각으로 묘하게 들어가 있는 모양입니다. 이런 경우 흑의 사활을 생각해볼까요.

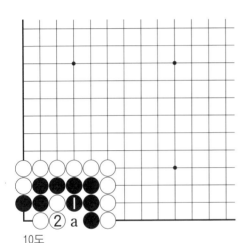

10도

10도 (흑의 죽음)

흑이 두는 경우에 아무런 생각 없이 1로 단수치면 백2로 잇는 순간 흑의 죽음입니다.

흑은 더 이상 둘 수 없고, 백은 a면 삿갓4궁으로 유도해 잡을 수 있으니 이대로 흑의 죽음이지요.

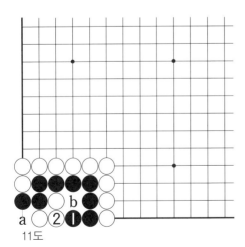

11도

11도 (빅으로 유도하는 급소)

흑은 1의 곳이 급소입니다. 백2로 잇는 순간 빅으로 사는 모습입니다. 왜 빅인지는 백이 둘 수 있는지 여부만 확인하면 되겠지요.

우선 백a로 왼쪽에 두면 흑이 b로 따내며 곡4궁으로 사는 모습입니다. 이제 백b만 남았지요.

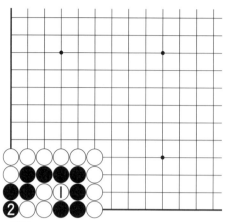

12도

12도 (백이 오른쪽에 두는 경우)

백1로 오른쪽에 두면 흑2로 백 넉 점을 따내겠지요. 그런 후 모양을 확인해보세요.

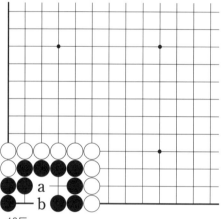

13도

13도 (번개4궁)

그러면 이런 모양이 형성됩니다. 우리가 4궁도 사활에서 배웠던 바로 번개4궁이 아닌가요. 두 눈을 만드는 급소가 a와 b, 두 곳이니만큼 흑은 살아있습니다.

결국 11도가 되면 서로 둘 수 없으니 흑이 빅으로 살지요.

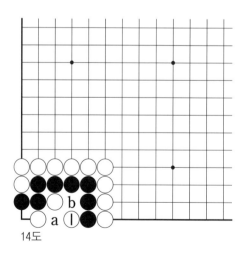

14도

14도 (흑의 죽음)

9도의 사활에서 백이 먼저 두는 경우에는 1로 모양의 급소에 두면 흑의 죽음입니다.

흑은 더 이상 둘 수 없지만 백은 a와 b를 메우며 죽음의 5궁으로 유도해 잡을 수 있으니, 이대로 흑의 죽음이지요.

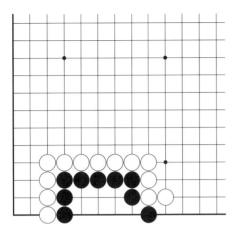

15도

15도 (빗꼴의 변형)

이 그림은 빗꼴에서 약간 변화된 모양입니다. 이런 경우 흑의 사활을 생각해볼까요.

변의 빗꼴은 완전한 삶이었는데, 이 모양도 과연 그럴까요? 백이 두는 경우만 따져보면 되겠지요.

16도

16도 (죽음의 5궁)

백1로 먹여치고 흑2로 백 한점을 따낸 모양을 보세요. 그러면 위아래가 뒤집혔지만 명백한 자동차5궁이죠. 바로 죽음의 5궁입니다.

즉 백3으로 치중하는 순간 흑의 죽음입니다. 백은 옥집을 이용해 궁도를 줄이는 것이 잡는 요령이었습니다.

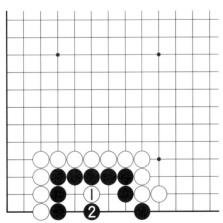

17도

17도 (안으로 침입하는 경우)

처음부터 백이 안으로 침입하면 어떻게 될까요?

우선 백1로 위쪽에 치중하면 빗꼴에서 보았듯이 흑2로 붙입니다.

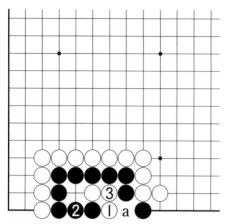

18도

18도 (3궁도의 죽음)

그러면 a가 비어있는 만큼 백은 1로 단수칠 수 있습니다. 이때 흑2로 이으면 백도 3에 잇습니다.

이 결과는 a가 옥집이므로 흑은 3궁도의 죽음이지요.

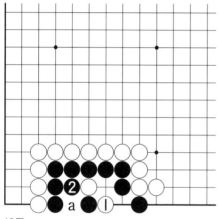

19도

19도 (패로 버틴다)

앞으로 가서, 백1로 단수칠 때 흑은 2로 버티는 수가 있습니다.

그러면 a의 곳이 패가 되는 모습이지요.

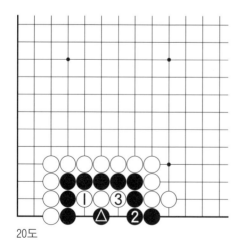

20도

20도 (빅으로 유도하는 수순)

흑▲로 붙일 때 백1로 들어가면 흑2로 이어 집을 최대한 넓힙니다. 백3으로 눈을 방해해야 하는데, 이 결과는 흑이 빅으로 사는 모습입니다.

이처럼 백이 무심코 두면 흑이 유도하는 빅의 수순에 걸려듭니다.

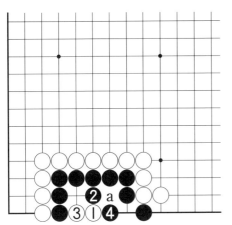

21도

21도 (두점을 잡고 산다)

이번에는 백1로 아래쪽에 치중해봅
니다. 그러면 역시 흑2로 붙입니다.

다음 백3으로 왼쪽에 들어가면
흑4로 a에 눈을 내며 백 두점을 잡
고 사는 모습이지요.

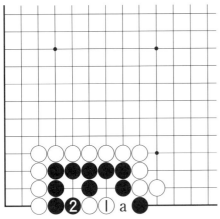

22도

22도 (백 두점이 잡힌 모습)

백1로 오른쪽에 들어가도 흑은 2로
역시 눈을 내며 삽니다.

이때 백은 a에 둘 수 없으니 백
두점이 잡힌 모습이지요.

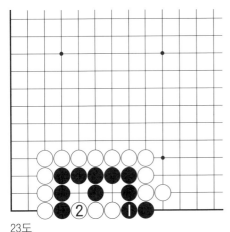

23도

23도 (빅으로 살지만 흑의 손해)

22도 흑2로 두지 않고, 이 그림 흑
1로 이으면 백2로 들어가서 빅이
됩니다. 흑은 빅으로 살기는 해도
22도처럼 집을 장만하며 사는 것이
한결 낫겠지요.

그건 그렇고 15도 흑의 사활은
16도 흑의 죽음이 정답이며, 달리
백이 안에서 치중하면 겨우 19도
패를 내는 정도입니다.

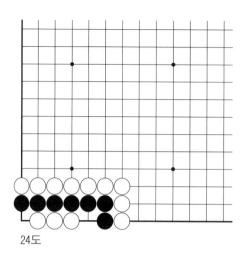

24도

24도 (귀에서 빅의 모양)

이 그림은 귀에서 흑의 일렬로 된 5궁도에 백 석점이 들어가 있습니다. 이 모양도 흑이 빅으로 살아있습니다.

그 이유는 이제 알겠지요. 백이 둘 수 있는지 여부만 확인하면 됩니다.

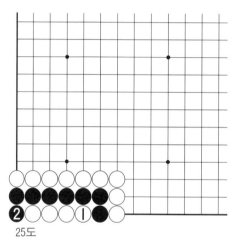

25도

25도 (백이 두는 경우)

백이 둔다면 1로 흑을 잡으러 가겠지요.

다음 흑2로 백 넉점을 따낸 모양을 보세요.

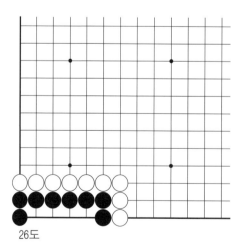

26도

26도 (직4궁은 삶의 기본)

이런 모양이 되는데 보다시피 직4궁입니다. 직4궁은 삶의 기본이므로 흑은 살아있습니다.

결국 24도 사활은 서로 둘 수 없으니, 흑이 빅으로 사는 모습이지요.

테마❶ 옥집은 가짜 집이다. 옥집은 패의 모습이기도 하지만 결국 메워지는 곳이다. 먹여치는 수법을 이용하면 2집 모양도 옥집으로 만들 수 있다. 3집 모양이라도 먹여치는 수법을 이용하면 1집 모양으로 축소시킬 수 있다. 3집 모양에 먹여친 돌이 있다면 안으로 들어가서 전체를 옥집으로 만들 수 있다.

테마❷ 사활이란 삶과 죽음을 말한다. 사활에서 궁도는 집과 같고, 눈은 소수의 집으로 형성된 방이라고 생각하면 편하다. 3궁도부터 사활의 기본이 시작된다. 3궁도는 1집씩 두 눈을 만들면 삶이다. 반대로 두 눈을 방해하면 2집의 한 눈이 되어 죽음이다. 두 눈처럼 보이더라도 한쪽이 옥집이면 죽음이다. 패의 승부가 두 눈을 좌우하는 모양도 있다.

테마❸ 4궁도는 4집의 눈 하나를 말한다. 완전한 직4궁이면 두 눈을 나누는 곳이 두 군데이므로 이대로 삶이다. 직4궁 모양도 옥집이 있으면 먹여쳐서 죽는다. 완전한 곡4궁은 이대로 삶이다. 곡4궁도 외벽에 약점이 있으면 무조건 살지 못한다. 삿갓4궁은 치중하면 죽는다. 바보4궁은 이대로 죽은 모습이다.

테마❹ 귀의 1선은 묘한 변화가 많다. 귀의 곡4궁은 잡으러 갈 때 패가 나는 모양이다. 귀곡사는 죽음의 규칙이다. 즉 한쪽은 둘 수 없고, 다른 쪽은 패를 낼 수 있어 권리가 강한 쪽이 이기는 규정이다.

테마❺ 5궁도는 5집 모양의 한 눈을 말한다. 공간이 넓어진 만큼 두 눈을 만들기가 편해졌지만, 자동차5궁과 십자5궁 등 죽음의 5궁은 상대가 치중하면 죽는 모양이다.

테마❻ 변의 2선에서 나열된 돌의 사활은 육사팔활이라는 격언이 적용된다. 돌 6개면 죽어있고 8개면 살아있다는 뜻이다. 돌 7개의 경우는 누가 두느냐에 따라 사활이 결정된다. 귀의 2선에서는 돌 4개면 죽어있고 6개면 살아있다.

테마❼ 6궁도는 6집 모양의 한 눈을 말한다. 빗꼴과 매화육궁이 대표적이다. 변의 빗꼴은 맞보기로 두 눈이 생기므로 살아있는 모양이다. 중앙의 빗꼴은 외벽 상황에 따라 사활이 달라진다. 귀의 빗꼴은 위로 치중하면 죽음이다. 아래로 치중하면 패가 난다. 매화육궁은 치중으로 죽는다.

테마❽ 사활에서 빅이란 누구도 더 이상 둘 수 없는 모양이다. 빅이면 사는 모양이지만, 나중에 대국이 끝나서 집을 따질 때는 이곳을 제외하고 계산한다. 죽음의 5궁을 피하는 급소에 두면 빅을 유도할 수 있다.

① 먹여침: 백1

② 3궁도: a가 급소

③ 직4궁: 이대로 삶

④ 곡4궁: 이대로 삶

⑤ 삿갓4궁: a가 급소

⑥ 바보4궁: 이대로 죽음

⑦ 귀곡사: 이대로 흑 죽음

⑧ 자동차5궁: a가 급소

⑨ 십자5궁: a가 급소

⑩ 빗꼴6궁: 이대로 삶

⑪ 매화육궁: a가 급소

⑫ 빅: 흑 삶

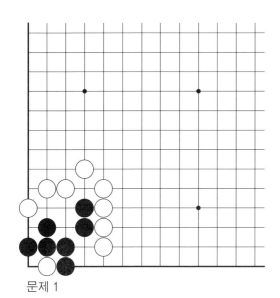

문제 1

▦ 문제 1

이 그림에서 흑을 살려보세요. 두 눈이 있어야 산다는 것을 기억하기 바랍니다.

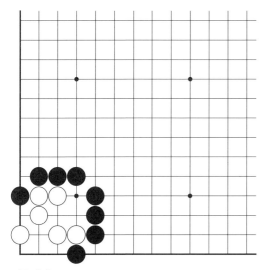

문제 2

▦ 문제 2

이 그림에서 백을 잡아보세요. 이번에는 두 눈을 방해해야 하겠지요.

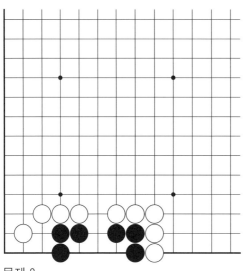

문제 3

▦ 문제 3

이 그림에서 흑이 살려면 어
디에 두어야 할까요?

모양이 특이하지만 두 눈
이 있어야 산다는 원칙은 변
함이 없습니다.

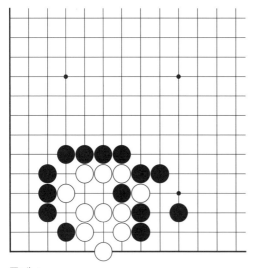

문제 4

▦ 문제 4

이 그림에서 백을 잡으려면
어디에 두어야 할까요?

먹여치는 수법을 응용해보
세요.

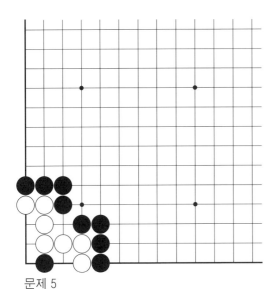

문제 5

▦ 문제 5

이 그림에서 백을 잡아보세
요. 귀는 묘한 변화가 많아서
규칙도 생겨났지요.

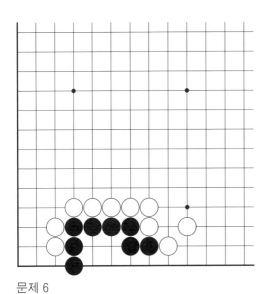

문제 6

▦ 문제 6

이 그림에서 흑을 살려보세
요. 죽음의 5궁을 피해야 합
니다.

213

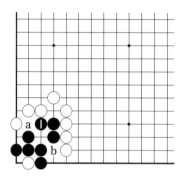

▦ 문제 1 (정답)

아래쪽은 백 한점을 잡았지만 한 눈에 불과합니다. 흑1로 두면 위쪽에 또 한 눈을 마련할 수 있습니다. a와 b가 맞보기가 되므로 옥집을 피할 수 있지요.

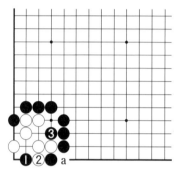

▦ 문제 2 (정답)

일단 흑1로 치중해야 두 눈을 방해할 수 있습니다. 다음 백2로 차단하면 흑3에 두어 위쪽의 눈을 방해합니다. 그러면 백은 3궁도의 죽음입니다. 백a로 흑 한점을 잡아봐야 옥집에 불과합니다.

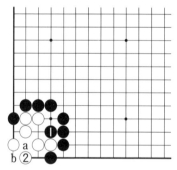

▦ 문제 2 (오답)

흑1로 위쪽의 눈부터 방해하면 백2로 두어 두 눈(a와 b)을 마련합니다. 백이 알차게 사는 모습입니다.

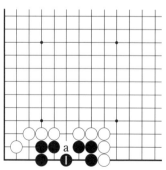

▦ 문제 3 (정답)

흑1이 두 눈을 마련하는 급소 자리입니다. a는 호구이므로 백이 들어갈 수 없어 흑이 고스란히 사는 모습이지요.

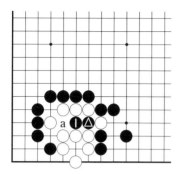

▦ 문제 4 (정답)

흑1로 들어가면 위쪽에 옥집을 유도할 수 있습니다. 백a로 두점을 따내더라도 흑이 ●에 먹여치면 옥집이지요. 그러면 백은 아래쪽에 한 눈뿐이라 죽음입니다.

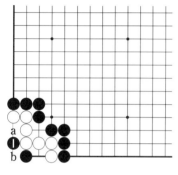

▦ 문제 5 (정답)

흑1로 두면 백은 귀곡사의 죽음입니다. 다음 백a에 두어도 흑b로 이으면 3궁도의 죽음입니다.

　백은 둘 수 없고 흑은 잡으러가서 패를 낼 수 있으니 백의 죽음으로 단정합니다.

▦ 문제 6 (정답)

흑1이 사는 급소입니다. 흑은 a와 b를 맞보기로 두 눈을 내며 사는 것이지요.

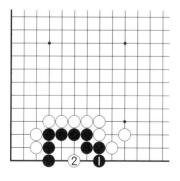

▦ 문제 6 (오답)

흑1로 궁도를 넓히면 자동차5궁이 됩니다. 그러면 백2로 치중해서 흑의 죽음입니다. 자동차5궁은 죽음의 5궁이지요.

PART 5

초보
수상전과 요령

바둑에서 싸우다보면 서로 살아가지 못해 막다른 골목에 다다를 때가 있습니다. 그러면 서로 빅이 되어 살든가 한쪽이 잡힙니다. 이런 싸움을 '수상전'이라 하지요. 이번 테마에서는 수상전의 가장 기본적인 모양에 대해 알아봅니다.

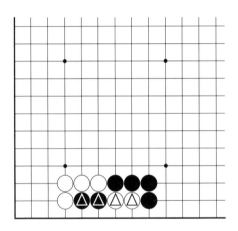

1도

1도 (수상전의 기본)

흑▲ 두점과 백△ 두점이 서로 끊어져 대결을 하는 모양입니다.

수상전의 가장 기본이라고 해도 좋습니다. 누구든 이기면 다른 쪽은 잡히는 모양이지요.

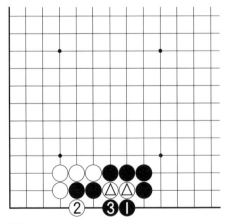

2도

2도 (흑이 이기는 경우)

먼저 흑이 1로 단수치면 백을 잡을 수 있습니다.

백2로 단수칠 때 흑3으로 백△ 두점을 따내는 모양입니다.

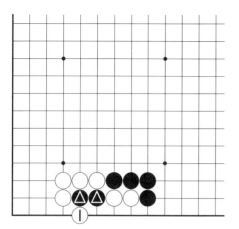

3도

3도 (백이 이기는 경우)

백이 먼저 1로 단수치면 이번에는
흑▲ 두점을 잡을 수 있습니다.

결국 이 수상전은 먼저 두는 쪽
이 상대를 잡겠지요.

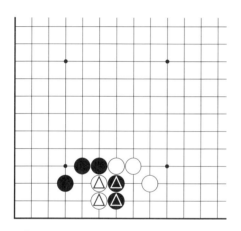

4도

4도 (어느 한쪽이 죽을 운명)

이번에는 흑▲ 두점과 백△ 두점이
서로 끊어져 대결하는 모양입니다.

서로 집으로 살지 못하면 역시
어느 한쪽이 죽을 운명이지요.

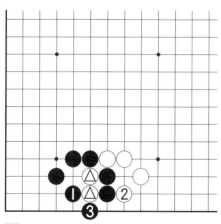

5도

5도 (흑이 이기는 경우)

가령 흑1로 백의 활로를 먼저 막으
면 백△ 두점을 잡을 수 있습니다.

백2에 흑3은 백을 잡는 확인 과
정에 불과하지요.

수상전에서는 필연적으로 갖고있는 공배의 수효가 승패를 좌우합니다. 수상전에서 공배는 '바깥공배'와 '안공배'가 있습니다. 바깥공배는 서로 독립적인 공간이고, 안공배는 서로 공유하는 공간입니다. 이번 테마에서는 서로 바깥공배만 있는 경우 수상전의 요령을 알아봅니다.

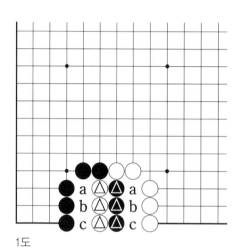

1도

1도 (바깥공배가 서로 같은 경우)

이 그림은 흑❸ 석점과 백⑨ 석점이 대결합니다. 이때 서로 a, b, c의 곳은 집이 아니므로 공배이며, 바깥에 있다 해서 '바깥공배'라 합니다.

그러고 보면 바깥공배가 3개씩 서로 같습니다. 이 경우 수상전의 요령과 결과를 알아보지요.

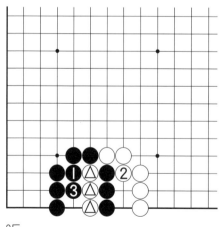

2도

2도 (흑이 1수 빠르다)

수상전의 요령은 서로 상대 공배를 메우는데, 공배가 많은 쪽이 이깁니다. 흑이 먼저 두면 1, 3으로 백⑨ 석점을 잡을 수 있지요.

이 수상전은 공배 하나 차이로 흑이 이기는데, 이런 경우 흑이 '1수 빠르다'고 말합니다.

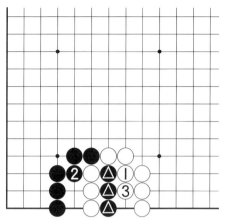

3도

3도 (백이 1수 빠르다)

백이 먼저 두면 1, 3으로 흑▲ 석점을 잡을 수 있습니다. 같은 이치로 백이 1수 빠른 모습이지요.

결론적으로 서로 바깥공배가 같은 수상전에서는 먼저 두는 쪽이 이깁니다.

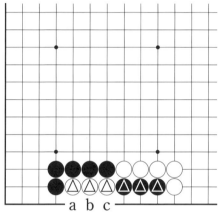

4도

4도 (응용 모양)

이번에는 응용 모양입니다. 이 수상전도 흑▲ 석점과 백△ 석점이 대결합니다. 서로 공배가 3개씩(백의 경우 a~c)이므로 먼저 두는 쪽이 이깁니다.

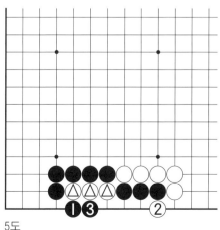

5도

5도 (흑이 1수 빠르다)

흑이 먼저 두면 1, 3으로 백△ 석점을 잡을 수 있습니다. 흑이 1수 빠른 모습이지요.

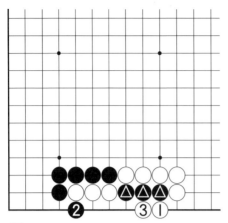
6도

6도 (백이 1수 빠르다)

백이 먼저 두면 1, 3으로 흑▲ 석점을 잡을 수 있습니다. 같은 이치로 백이 1수 빠른 모습이지요.

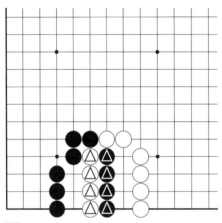
7도

7도 (바깥공배가 서로 다른 경우)

이번에는 흑▲ 넉점과 백△ 넉점의 대결입니다. 그런데 바깥공배가 흑은 4개, 백은 3개로 서로 다릅니다.

이런 경우 수상전의 결과는 어떻게 될까요?

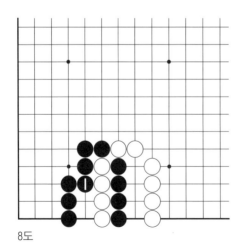
8도

8도 (이미 흑이 1수 빠른 수상전)

이 수상전은 공배가 하나 많은 흑이 이미 1수 빠른 상태입니다. 이때 흑1은 공배를 메우는 행동인데, 달리 '수를 줄인다'고도 표현합니다.

이처럼 흑이 먼저 백의 수를 줄이면 2수 빠릅니다. 1수든 2수든 빠르기만 하면 이기므로 흑은 1로 굳이 먼저 둘 필요가 없겠지요.

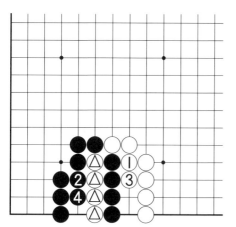

9도

9도 (흑이 무조건 이긴다)

백이 먼저 1로 흑의 수를 줄이더라도 흑은 2, 4로 백△ 넉점을 잡을 수 있습니다.

　결국 이 수상전은 공배가 하나 많은 흑이 무조건 이깁니다.

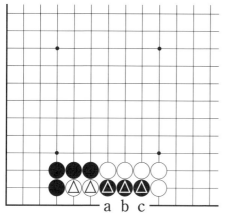

10도

10도 (응용문제)

이번에는 응용문제입니다. 이 모양은 흑▲ 석점과 백△ 두점의 대결입니다.

　공배를 따지면 흑은 a~c의 3개, 백은 2개입니다. 이 수상전의 결과를 생각해보세요.

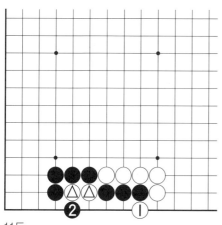

11도

11도 (공배가 하나 많은 흑의 승리)

백이 먼저 1로 흑의 수를 줄이더라도 흑은 2로 단수쳐서 백△ 두점을 잡을 수 있습니다.

　9도와 같은 이치로 이 수상전도 공배가 하나 많은 흑이 무조건 이기지요.

수상전의 핵심은 상대방의 수를 줄이는 싸움입니다. 이번 테마에서는 바깥공배와 더불어 안공배가 있는 경우 수상전의 요령을 알아봅니다. 바깥공배부터 먼저 메우고 나서 안공배를 처리하는 것이 포인트입니다.

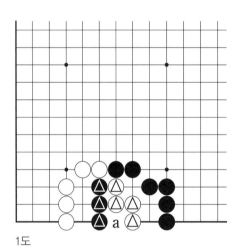

1도

1도 (안공배가 있는 경우)

이 모양은 흑▲ 석점과 백△ 넉점의 대결입니다. 바깥공배는 서로 3개씩으로 같습니다. 그런데 유심히 보면 a에 서로 공유하는 공배가 있습니다. 이를 '안공배'라 합니다.

현재 안공배는 1개이죠. 이 수상전의 요령과 결과를 알아볼까요?

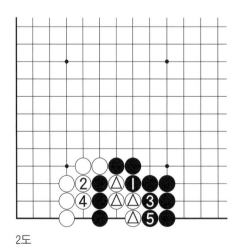

2도

2도 (바깥공배부터 메운다)

바깥공배와 안공배가 공존할 때는 바깥공배부터 메우는 것이 수상전의 요령입니다.

가령 흑이 먼저 두면 1 이하 5까지 백△ 넉점을 잡을 수 있겠지요.

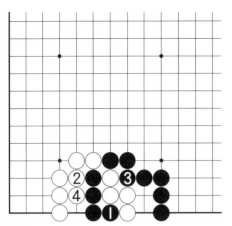

3도

3도 (안공배부터 메우는 경우)

그런데 흑1로 안공배부터 메우면 백이 2, 4로 바깥공배를 메워 흑이 오히려 잡힙니다.

따라서 안공배는 서로 나중에 두어야 하지요.

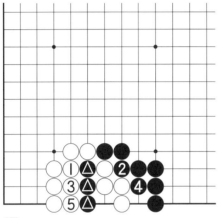

4도

4도 (백이 두는 경우)

백이 두는 경우 역시 흑의 바깥공배부터 메웁니다.

즉, 백1 이하 5까지 흑▲ 석점을 잡을 수 있습니다.

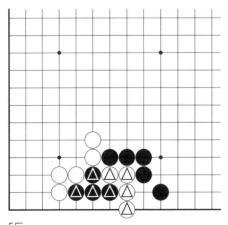

5도

5도 (수상전은 수를 줄이는 싸움)

이 그림은 흑▲ 넉점과 백△ 넉점의 대결입니다.

이 모양은 바깥공배와 안공배를 구분하기가 애매하지요. 이런 경우는 흑 3수, 백 3수로 표현하면 간편합니다. 수상전은 상대의 수를 줄이는 싸움이기 때문이죠.

이 수상전의 요령과 결과를 알아볼까요?

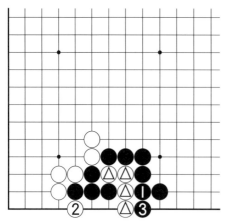

6도

6도 (바깥 수부터 줄인다)

흑은 백의 바깥 수부터 줄이는 것
이 요령입니다.

즉 흑1, 3이면 백△ 넉점을 잡을
수 있습니다.

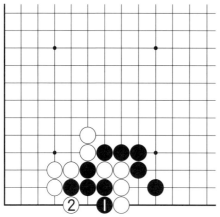

7도

7도 (자기 수를 줄이는 결과)

만일 흑1로 안에서부터 수를 줄이
면 백2로 단수쳐서 흑이 오히려 잡
힙니다.

즉, 안에서부터 상대의 수를 줄
이면 자기 수도 줄이는 결과를 초
래하지요.

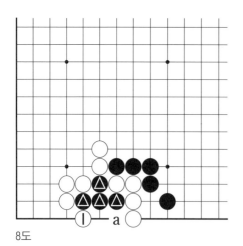

8도

8도 (바깥부터 줄이는 것이 원칙)

백은 1과 a, 어느 쪽에서 수를 줄여
도 흑△ 넉점을 잡을 수 있습니다.

다만 백도 1로 바깥 수부터 줄이
는 것이 원칙이죠. 그래야 만일의
사태에 오른쪽 백을 죽일 경우 손
실이 줄기 때문입니다.

수상전에서 수를 줄이다 보면 자칫 자기 수도 메우는 실수도 범합니다. 이런 경우 '자충'이라 하는데, 자충이 되면 상황이 역전되므로 극히 조심해야 합니다. 이번 테마에서는 가장 초보적인 자충에 대해 알아봅니다.

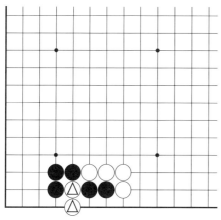

1도

1도 (아주 간단한 문제)
이 모양에서 흑이 백△ 두점을 잡아보세요.

바깥 수부터 줄인다는 수상전의 요령을 기억한다면 아주 간단한 문제이지요.

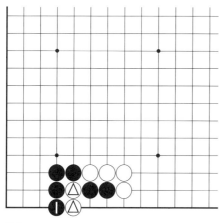

2도

2도 (바깥에서 수를 줄인다)
흑1로 단수치면 백△ 두점을 잡을 수 있습니다. 물론 백의 바깥에서 수를 줄이는 것이죠.

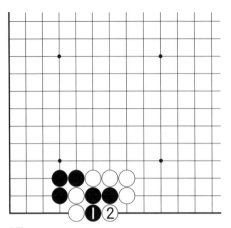

3도

3도 (자충은 스스로 활로를 줄인다)

만일 흑1로 안에서 단수치면 백2로 오히려 흑 석점이 잡힙니다.

이때 흑1과 같이 자신의 수를 줄이는 행동을 '자충'이라 합니다. 수를 줄이는 행동은 활로를 줄이는 것과 같습니다.

이 진행은 흑이 활로를 스스로 줄였으니 나쁜 결과는 당연하지요.

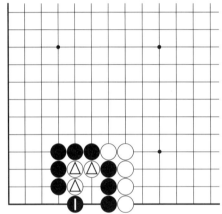

4도

4도 (올바른 단수)

이 모양에서는 흑1로 단수치면 백△ 석점을 잡을 수 있습니다. 백은 더 이상 달아날 수 없지요.

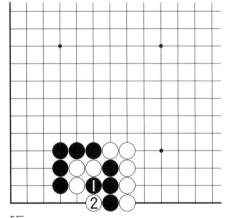

5도

5도 (자충을 두는 경우)

만일 흑1쪽에서 단수치면 백2로 오히려 흑 넉점이 잡힙니다. 흑이 자충을 두었기 때문이죠.

이번 테마에서는 수상전에서의 빅을 다룹니다. 빅이란 서로 더 이상 둘
수 없는 모양입니다. 사활에서 빅이 있듯 수상전에서도 빅이 생길 수 있
습니다. 서로 빅으로 공생하는 결과이지요. 사활에서 그랬듯 수상전에서
도 빅이 되면 나중에 대국이 끝나서 집을 따질 때 이곳을 제외하고 계산
합니다.

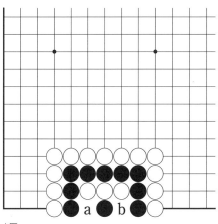

1도

1도 (사활에서 빅)
우선 이 그림은 사활에서의 빅을
보여줍니다.

흑백 누가 두든 a와 b를 둘 수
없으니 빅이 되지요.

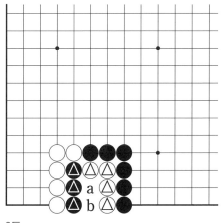

2도

2도 (수상전의 결과는?)
이 그림은 흑● 석점과 백△ 넉점
의 대결입니다.

서로 바깥공배는 없고 안공배만
a와 b로 2개 있습니다. 이 수상전
의 결과는 어떻게 될까요?

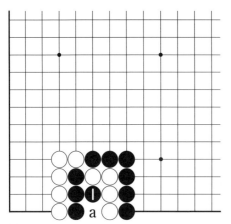

3도

3도 (흑은 둘 수 없다)

흑은 1로 둘 수 없습니다. 그러면 백a로 흑 넉점이 잡히기 때문이죠.

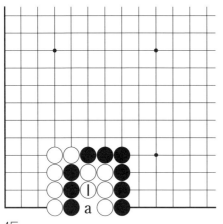

4도

4도 (백도 둘 수 없으니 빅)

백도 1로 둘 수 없습니다. 역시 흑a면 백 5점이 잡히기 때문이죠. 따라서 2도 수상전의 결과는 빅입니다.

사활에서도 빅이 있듯이 수상전에서도 2도와 같은 모양이면 빅이 됩니다. 결국 이곳은 대국이 끝나도 계산에서 제외합니다.

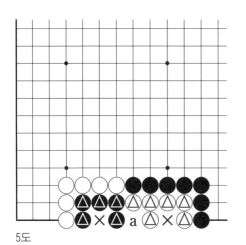

5도

5도 (1집뿐인 수상전의 결과는?)

이 그림은 흑● 5점과 백△ 6점의 대결입니다.

서로 ×의 곳에 1집뿐 살아있지 않아 수상전으로 승부를 가리게 되었습니다. a는 안공배입니다.

그러면 수상전의 결과는 어떻게 될까요?

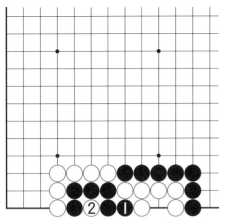

6도

6도 (빅의 결과)

흑은 1로 둘 수 없습니다. 그러면 백2로 흑 6점이 잡히기 때문이죠.

백도 같은 이치로 안공배 1에 둘 수 없겠지요. 따라서 5도 수상전의 결과는 빅입니다.

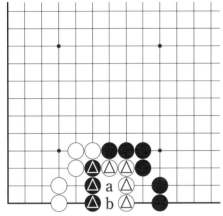

7도

7도 (수상전의 결과는?)

이 그림은 흑▲ 석점과 백△ 넉점의 대결입니다.

바깥공배는 서로 2개씩 같으며, 안공배도 a와 b로 2개 있습니다. 그러면 수상전의 결과는 어떻게 될까요?

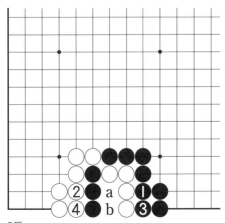

8도

8도 (누가 두더라도 빅)

우선 수상전의 요령대로 바깥공배부터 메웁니다.

흑1, 3으로 두면 백도 2, 4로 두겠지요. 그러면 안공배 a와 b만 남습니다. 여기는 서로 둘 수 없으니 빅의 모습이지요. 백이 먼저 두더라도 같은 결과이니 빅은 변함이 없습니다.

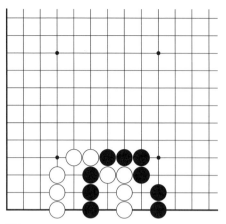

9도

9도 (바깥공배가 서로 다른 경우)

이 그림은 7도와 비교해 흑의 바깥
공배가 3개인 것만 다릅니다.

그러면 수상전의 결과는 어떻게
될까요?

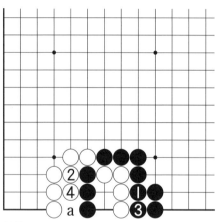

10도

10도 (바깥공배가 하나 남는다)

흑의 바깥공배가 하나 늘었으므로
흑1, 3으로 둘 때 백2, 4로 따라 두
더라도 흑의 바깥공배 a가 남지요.

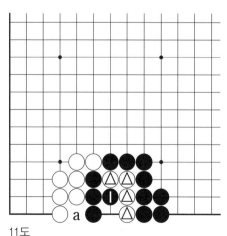

11도

11도 (흑승)

그러면 흑1로 안공배를 두더라도
백△ 넉점을 잡을 수 있습니다. 흑
의 바깥공배 a가 남은 덕분이죠.

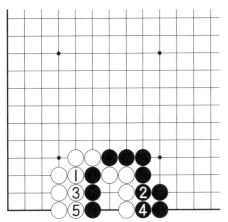

12도

12도 (백이 두면 빅의 결과)

백이 먼저 1로 두면 5까지 서로 바깥공배를 모두 메울 수 있습니다. 그러면 안공배 2개만 남으니 빅의 결과입니다.

따라서 9도 수상전은 흑이 먼저 두면 백을 잡고, 백이 먼저 두면 빅입니다.

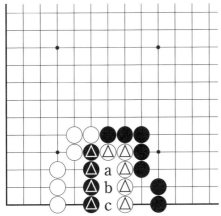

13도

13도 (안공배가 늘어난 경우)

이번에는 흑▲ 넉점과 백△ 5점의 대결입니다.

9도와 공배만 비교하면 안공배가 a, b, c의 3개로 늘어났습니다. 그러면 수상전의 결과는 어떻게 될까요?

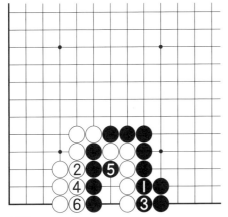

14도

14도 (안공배가 많으면 빅의 결과)

흑1부터 순서대로 바깥공배를 메우면 백4까지 됩니다. 다음 흑5로 안공배를 메우면 백6으로 남은 바깥공배를 메웁니다. 그러고 보면 안공배 2개가 남았으니 빅의 결과이지요. 이처럼 안공배가 많으면 바깥공배에 차이가 있더라도 빅이 되는 경우가 생깁니다.

수상전에서는 공배의 수효가 승부를 좌우합니다. 이런 절대 원칙도 묘한 상황을 만나면 달라지는 경우도 있습니다. 이번 테마에서는 수상전에서 공배의 수를 역전시키는 방법에 대해 알아봅니다.

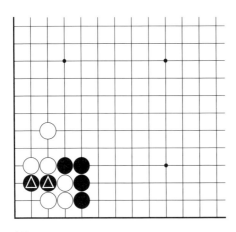

1도

1도 (흑 두점을 살리려면?)

이 그림은 흑● 두점이 귀에 갇혀 위험한 모습입니다.

　어떻게 해야 흑을 살리는지 생각해볼까요?

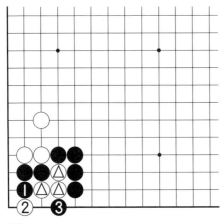

2도

2도 (꼬부리면 흑승)

흑은 백△ 석점과 수상전을 벌여야 합니다. 지금은 흑 2수, 백 3수로 흑이 불리하지만, 흑1로 백의 활로를 막으면 백△ 석점을 잡으면서 흑이 살아갑니다. 백2면 흑3으로 단수쳐서 흑이 1수 빠르지요. 참고로 흑1과 같은 모양을 '꼬부림'이라 합니다. 즉, 흑1로 꼬부리면서 흑의 수가 늘고 백의 수는 줄어듭니다.

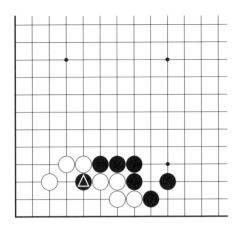

3도

3도 (고립된 흑을 살리려면?)

이 그림은 흑▲가 고립되어 위험한
모습입니다.

어떻게 해야 흑을 살리는지 생각
해보세요.

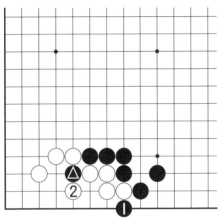

4도

4도 (단순한 수줄임)

단순히 흑1로 수를 줄이면 백2로
단수쳐서 흑▲가 잡힙니다.

흑은 수를 늘리면서 수상전을 이
끌어야 합니다.

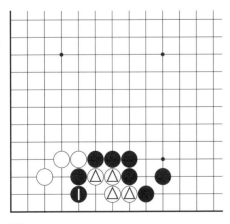

5도

5도 (수를 늘리는 방법)

흑1의 연결이 수를 늘리는 방법입
니다. 그러면서 백△ 넉점과 수상전
을 유도하지요.

이제 활로 즉 수를 따져보면 흑
4수, 백 3수입니다. 그러면 수상전
은 흑이 1수 빠른 모습입니다.

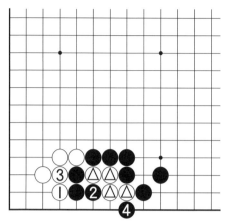

6도

6도 (흑승)

이 그림은 백1부터 서로 수를 줄여 가는 과정입니다.

결국 흑4로 단수치면 백△ 넉점 을 잡고 흑이 살아갑니다.

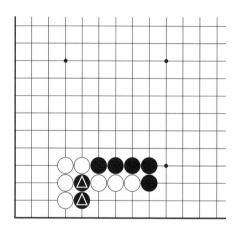

7도

7도 (흑 두점을 살리려면?)

이 그림은 흑△ 두점이 당장 위험 한 모습입니다. 수를 따져봐도 흑 2 수, 백 3수로 흑이 부족합니다.

어떻게 해야 흑을 살리는지 생각 해보세요.

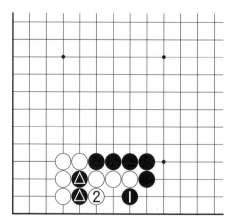

8도

8도 (바깥 수부터 줄이면 실패)

백의 바깥 수부터 줄인다고 흑1로 두면 백2로 단수쳐서 흑△ 두점이 당장 잡힙니다.

이럴 때는 흑의 수부터 늘려야 합니다.

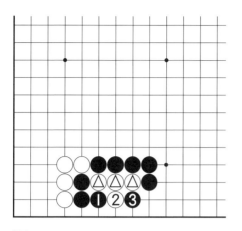

9도

9도 (꼬부리며 수를 늘린다)

흑1의 꼬부림이 수를 늘리는 방법입니다. 그러면서 백△ 석점과 수상전을 유도하지요.

그러면 백의 수도 자동적으로 줄어듭니다. 이제 흑 3수, 백 2수로 흑이 앞서지요. 다음 백2에 흑3으로 단수쳐서 백 넉점을 잡으며 흑이 살아갑니다.

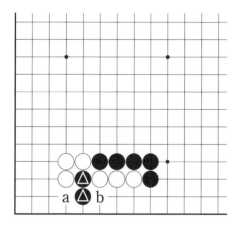

10도

10도 (응용문제)

이 그림은 8도의 응용문제입니다. 백이 흑△ 두점을 잡으려면 어디에 두어야 할까요?

9도에서 보았듯이 백a는 흑b로 오히려 백이 잡힙니다.

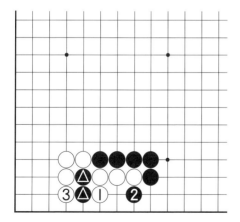

11도

11도 (흑 두점을 잡는 방법)

백1쪽에서 막아야 합니다. 그러면 흑2로 수를 줄일 때 백3으로 단수쳐서 흑△ 두점을 잡을 수 있지요.

이처럼 안의 수부터 줄여야 이기는 경우도 발생합니다.

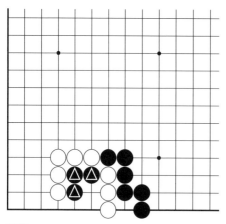

12도

12도 (흑 석점을 살리려면?)

이 그림은 흑❹ 석점이 위험한 모습입니다.

　어떻게 해야 흑을 살리는지 생각해보세요.

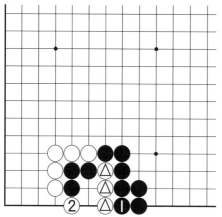

13도

13도 (바깥 수부터 줄이면 실패)

일단 흑은 백△ 석점과 수상전을 해야 하지요. 그런데 흑 2수, 백 3수로 흑이 불리합니다.

　그래서 이 모양에서는 흑1로 백의 바깥 수부터 메우면 백2로 단수쳐서 당장 흑이 잡힙니다.

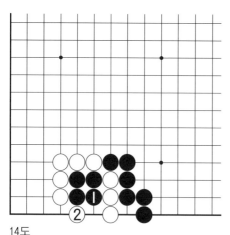

14도

14도 (수가 늘지 않는다)

그렇다면 안에서 수를 늘려야 하겠지요.

　그런데 흑1은 백의 수를 줄이지만 흑의 수가 늘지 않습니다. 역시 백2로 단수치면 흑이 잡힙니다.

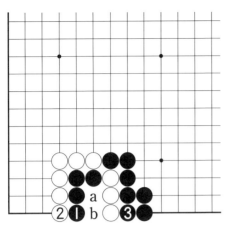

15도

15도 (빅이지만 감점)

흑1은 수를 늘리면서 안의 공배도 늘리는 이중효과가 있습니다.

　다음 백2와 흑3으로 바깥공배를 서로 메우면 안공배 2개(a와 b)만 남으니 빅의 모습이죠. 그러나 흑은 더 좋은 방법이 있으니~

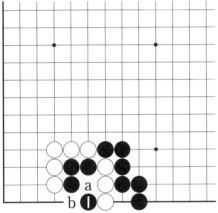

16도

16도 (교묘한 붙임)

흑1의 붙임이 교묘한 수법입니다. 그러면 백의 활로 하나를 막으면서 흑의 수를 늘립니다.

　다음 백은 a와 b에 둘 수 없지요. 모두 자충이 되는 자리이기도 하죠. 그리고 보면 흑1은 자충을 유도하는 수법이기도 합니다.

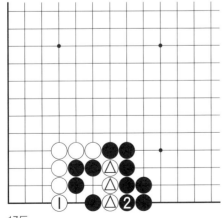

17도

17도 (흑의 역전승)

따라서 백1로 우회하며 흑의 수를 줄일 수밖에 없습니다. 그러면 수상전은 역전되어 흑의 승리입니다.

　결국 흑은 2로 단수쳐서 백△ 석점을 잡으며 살아갑니다.

지금까지는 주로 공배만 있고 집이 없는 경우의 수상전을 다루었습니다. 이번 테마에서는 집을 포함하는 경우의 수상전을 알아봅니다. 특히 한쪽은 집이 있고 다른 쪽은 집이 없을 때 집이 있는 쪽이 이기는 경우 보통 '유가무가'라 합니다.

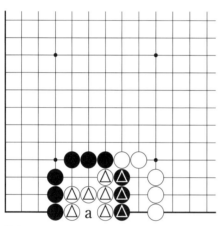

1도

1도 (1집을 포함한 수상전)

이 그림은 흑▲ 석점과 백△ 6점의 대결입니다.

흑은 바깥 수가 3이고, 백은 바깥 수가 2에 a의 1집을 포함하고 있습니다. 이 수상전의 결과는 어떻게 될까요?

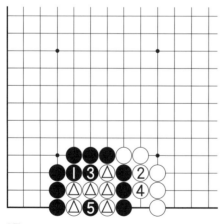

2도

2도 (1집도 활로 하나에 불과)

흑이 두면 1부터 차례로 백의 바깥 수를 메워 5까지 백△ 6점을 따낼 수 있습니다. 흑이 1수 빠른 모습이지요. 이때는 백의 1집도 활로 하나에 불과합니다.

반대로 백이 먼저 두면 흑 석점을 잡을 수 있겠지요.

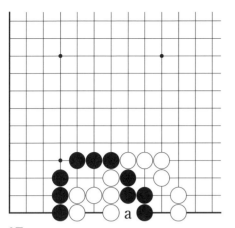

3도

3도 (안공배가 있는 경우)

이번에는 흑 넉점과 백 6점의 대결이지만, 1도와 비교해 a의 안공배 하나가 있습니다. 이 수상전의 결과는 어떻게 될까요?

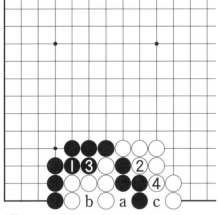

4도

4도 (유가무가로 백승)

흑1부터 서로 바깥 수를 메우면 백 4까지 됩니다. 이때 흑은 a에 둘 수 없어 백을 잡을 수 없습니다. 그렇다고 착수금지 자리인 b부터 둘 수도 없지요. 반대로 백은 언제든 c로 흑을 잡을 수 있습니다. 이런 모양을 '유가무가'라 합니다.

한쪽은 집이 있고 다른 쪽은 집이 없다는 뜻이죠. 지금은 집을 가진 백이 수상전에서 승리합니다.

5도 (응용문제)

이 그림은 3도의 응용문제로 흑 6점과 백 8점의 대결입니다.

이번에는 3도와 비교해 백의 바깥공배가 하나로 줄고 안공배가 a와 b의 2개로 늘어났습니다.

그러면 바깥공배가 절대 부족한 백을 잡을 수 있을까요?

5도

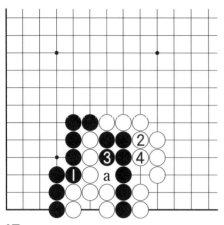

6도

6도 (안공배 2개로 유가무가)

일단 흑1과 백2로 바깥공배부터 둡니다. 이제 백을 잡으려면 흑3으로 안공배를 두어야 하는데, 백4 때 흑은 a에 둘 수 없지요. 역시 유가무가로 흑이 잡힌 모습입니다.

결국 흑은 바깥공배가 2개 많지만 안공배 2개 때문에 유가무가로 수상전에서 지고 말지요.

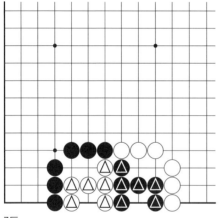

7도

7도 (서로 1집이 포함된 수상전)

이 그림은 흑▲ 6점과 백△ 6점의 대결입니다.

바깥공배는 2개씩 서로 같고 집도 1집씩 포함합니다. 이 수상전의 결과는 어떻게 될까요?

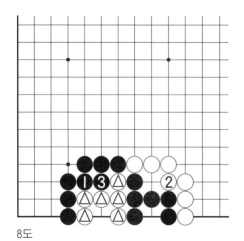

8도

8도 (먼저 두는 쪽이 승리)

결론은 안공배가 없으므로 먼저 두는 쪽이 이깁니다.

가령 흑이 먼저 두면 1, 3으로 백△ 6점을 잡을 수 있습니다.

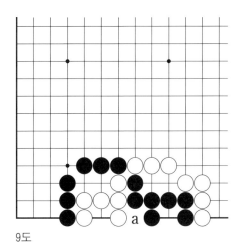

9도

9도 (안공배가 있는 경우)

이 그림은 흑 7점과 백 6점의 대결이지만, 7도와 비교해 a의 안공배 하나가 있습니다. 이 수상전의 결과는 어떻게 될까요?

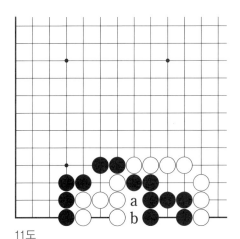

10도

10도 (빅의 결과)

흑1부터 백4까지 바깥공배를 모두 메운 모양을 볼까요. 그러고 나면 a는 서로 둘 수 없습니다. 두면 단수가 되어 잡히기 때문이죠. 서로 둘 수 없으니 빅입니다.

　백이 두더라도 같은 결과입니다. 앞에서 배운 대로 흑백 누가 먼저 두든 결국에는 빅이 되지요.

11도 (응용문제)

이번에는 응용문제입니다. 9도와 비교해, 백의 바깥공배가 하나로 줄고 안공배가 a와 b의 2개로 늘어났습니다.

　그러면 바깥공배가 부족한 백을 잡을 수 있을까요?

11도

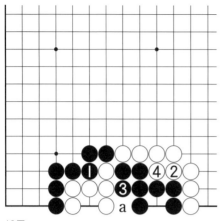

12도

12도 (결론은 빅)

흑이 백을 잡으려면 1, 3의 순서로 바깥공배 다음 안공배를 메워야 합니다. 그동안 백은 4까지 바깥공배만 메워도 됩니다. 그러고 나면 a는 서로 둘 수 없으니 빅이지요.

　결국 백은 바깥공배가 하나 부족해도 안공배 2개 덕분에 빅을 만들 수 있습니다.

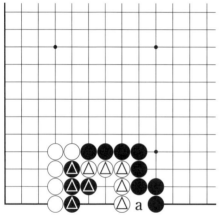

13도

13도 (불리한 공배를 역전시키려면?)

이 그림은 흑▲ 넉점과 백△ 5점의 대결이지만, 흑은 바깥에 공배가 없고 백은 a의 공배가 있으니 언뜻 보면 흑이 열세입니다.

　흑이 불리한 공배 상황을 역전시켜 백을 잡아보세요.

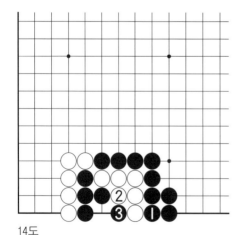

14도

14도 (흑의 희망사항)

수상전의 원칙은 바깥공배부터 줄이라고 했습니다.

　그렇다면 흑1부터 두어야 합니다. 이때 백2로 단수치면 백도 단수가 되어 흑3으로 백 전체를 잡을 수 있습니다. 이 결과는 흑의 희망사항이지요.

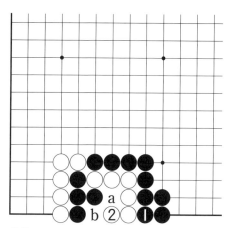

15도

15도 (빅의 모습)

흑1로 바깥공배부터 두면 백은 2로 묘한 자리에 둡니다.

그러면 서로 a와 b에 둘 수 없으니 빅의 모습이지요. 그러나 흑은 이 결과로 만족하기에는 아직 이릅니다.

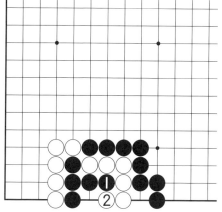

16도

16도 (단순)

남은 방법은 흑이 먼저 안에서 두는 것이죠.

그렇더라도 흑1로 단순하게 공배만 메우면 백2로 흑이 잡히는 모습입니다.

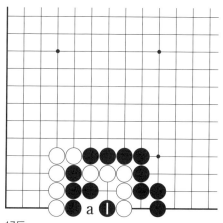

17도

17도 (유가무가로 유도)

흑1로 붙여 a의 1집을 만드는 교묘한 수법이 있습니다. 그러면 백은 유가무가로 잡힌 모습이지요.

원래 수상전은 바깥공배부터 두는 것이 원칙이지만, 이런 예외적 모양도 생길 수 있습니다.

수상전은 서로의 수를 줄이는 싸움입니다. 수상전의 결과를 알기 위해서는 서로의 수를 따져야 하는데, 아무런 손실없이 효율적으로 싸우려면 서로의 수를 미리 정확하게 읽어야 합니다. 이번 테마에서는 모양을 보고 몇 수인지 판단하는 방법에 대해 알아봅니다.

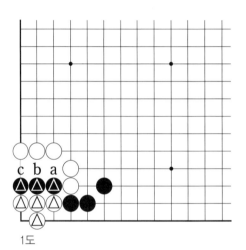

1도

1도 (흑은 3수)

이 그림은 흑▲ 석점과 백△ 넉점의 대결입니다.

이 수상전의 결과를 알려면 서로의 수를 알아야 합니다. 우선 흑은 a, b, c의 3수가 확실하지요.

2도

2도 (흑이 둘 수 없는 자리)

이번에는 백의 수를 따져볼까요. a는 착수금지 자리이니 흑이 먼저 둘 수 없습니다.

흑1도 백2로 한점을 따내면 흑이 손해만 봅니다. 흑이 호구 자리에 들어갔기 때문이죠.

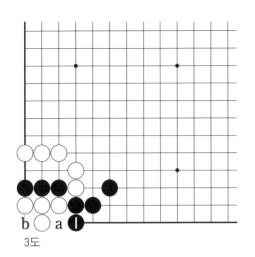

3도

3도 (백도 3수)

우선 흑은 1로 두어야 합니다. 그러고 나서 a와 b를 두면 백 넉점을 따낼 수 있으니, 백도 3수(1, a, b)에 해당합니다.

그러고 보면 a의 호구는 수를 하나 늘리는 효과가 있습니다.

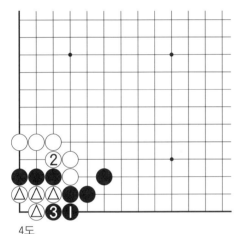

4도

4도 (먼저 두는 쪽이 승리)

따라서 이 모양은 흑도 3수, 백도 3수이니 먼저 두는 쪽이 이깁니다.

가령 흑1, 3의 순서로 수를 줄이면 백△ 넉점을 잡을 수 있습니다.

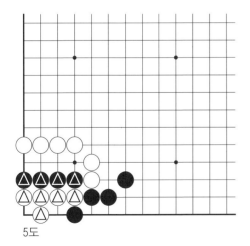

5도

5도 (흑은 4수)

이 그림은 흑▲ 넉점과 백△ 5점의 대결입니다.

이 수상전의 결과를 알기 위해 서로의 수를 따져볼까요. 우선 흑은 4수가 확실합니다.

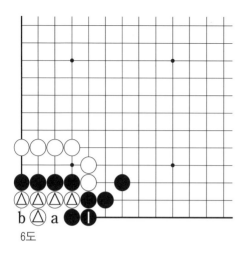

6도

6도 (백은 3수로 수상전은 흑승)

백의 수를 알려면 백△ 5점을 잡는 과정을 알아야 합니다.

흑은 1로 잇고 나서 a와 b를 두어야 백을 따낼 수 있습니다. 따라서 백은 3수(1, a, b)입니다.

결국 이 수상전은 흑이 1수 많으므로 백이 먼저 두더라도 지고 말지요.

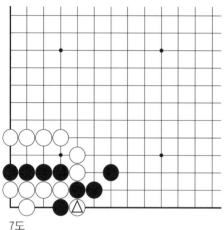

7도

7도 (먹여침이 있는 수상전)

5도와 비교해 백△의 먹여침이 있다면, 이 수상전의 결과는 어떻게 될까요?

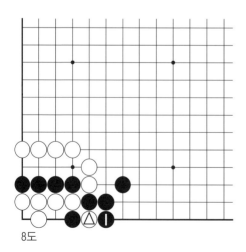

8도

8도 (우선 따내야 한다)

흑은 4수 그대로이고 백의 수만 따져보면 되겠지요.

백을 잡으려면 우선 흑1로 백△를 따내야 합니다.

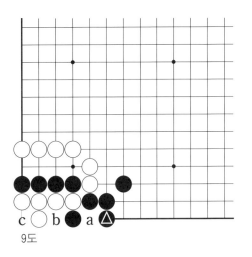

9도

9도 (백은 4수)

그러면 이 모양인데, 다음 흑은 a, b, c를 차례로 두어야 백을 잡을 수 있습니다.

따라서 백은 4수(△, a, b, c)가 되죠. 그리고 보면 a의 먹여친 돌이 있으면 수를 2개 늘리는 효과가 있습니다.

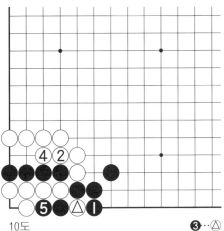

10도

③…△

10도 (먼저 두는 쪽이 승리)

이 모양은 흑도 4수, 백도 4수이므로 먼저 두는 쪽이 이깁니다.

가령 흑1부터 두면 5까지 백 5점을 잡을 수 있겠지요.

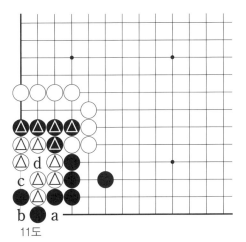

11도

11도 (백도 4수)

이 그림은 흑● 5점과 백△ 7점의 대결입니다.

흑 4수는 쉽게 알 수 있습니다. 백도 배운 대로 적용하면 4수(a, b, c, d)입니다.

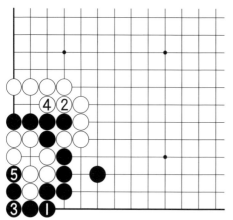

12도

12도 (먼저 두는 쪽이 승리)

서로 4수이므로 먼저 두는 쪽이 이깁니다.

가령 흑1부터 두면 5까지 백 7점을 잡을 수 있겠지요.

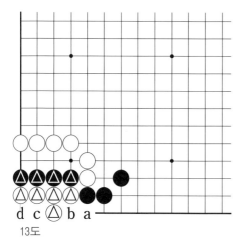

13도

13도 (응용 모양)

이번에는 응용 모양인데 흑▲ 넉점과 백△ 5점의 대결입니다.

역시 흑은 4수이고, 백도 따져보면 4수(a, b, c, d)입니다.

14도 (먼저 두는 쪽이 승리)

이 모양도 서로 4수이므로 먼저 두는 쪽이 이깁니다.

가령 흑1부터 두면 5까지 단수쳐서 백 5점을 잡을 수 있겠지요.

14도

꼬리에 꼬리를 무는 핵심 정리

테마❶ 서로 살지 못한 상태에서 싸우면 빅으로 살든가 한쪽이 잡힌다. 이를 수 상전이라 한다. 누구든 이기면 다른 쪽은 잡히는 모양이 된다. 보통 같은 조 건이면 활로를 먼저 막는 쪽이 이긴다.

테마❷ 수상전에서는 공배의 수효가 승패를 좌우한다. 바깥공배는 서로 독립적 인 공간이고, 안공배는 서로 공유하는 공간이다. 바깥공배만 있는 경우 공배 가 많은 쪽이 이긴다. 공배 하나 차이로 이기는 경우 1수 빠르다고 말한다. 서로 바깥공배가 같은 수상전에서는 먼저 두는 쪽이 이긴다. 공배를 메우는 행동은 수를 줄인다고도 표현한다.

테마❸ 바깥공배와 더불어 안공배가 있는 경우 바깥공배부터 먼저 메우고 나서 안공배를 처리하는 것이 요령이다. 안공배부터 메우면 상황이 역전된다. 바 깥공배와 안공배를 구분하기가 애매하면 수로 따지면 편하다. 수상전은 상대 의 수를 줄이는 싸움이기 때문이다.

테마❹ 수상전에서 수를 줄이다 보면 자칫 자기 수도 메우는 실수도 범하는데, 이를 자충이라 한다. 자충이 되면 상황이 역전되므로 극히 조심해야 한다. 자 충은 스스로 활로를 줄이는 모양이다. 특히 단수칠 때 조심해야 한다.

테마❺ 사활에서 빅이 있듯 수상전에서도 빅이 생길 수 있다. 서로 빅으로 공생 하는 결과가 된다. 서로 두면 손해를 볼 때 빅이 생긴다. 서로 바깥공배는 없 고 안공배 2개만 남으면 빅이 된다. 안공배가 2개라도 바깥공배가 많으면 이 긴다. 바깥공배가 부족하더라도 안공배가 많으면 빅이 되는 경우도 생긴다.

테마❻ 수상전은 공배의 수효가 승부를 좌우하지만, 묘한 상황을 만나면 공배의 수가 역전되는 경우도 있다. 꼬부리면서 수가 늘고 상대의 수는 줄어드는 경 우가 대표적이다. 일단 수를 늘리고 수상전을 유도하는 것도 좋은 방법이다.

테마❼ 한쪽은 집이 있고 다른 쪽은 집이 없을 때 집이 있는 쪽이 이기는 경우 보통 유가무가라 한다. 안공배가 없을 때는 1집도 활로 하나에 불과하다. 바 깥공배가 부족해도 안공배가 그만큼 늘어나면 유가무가로 이기는 경우가 생 긴다. 수는 부족해도 유가무가로 유도해 이기는 수법도 있다.

테마❽ 수상전의 결과를 알기 위해서는 서로의 수를 따져야 한다. 아무런 손실 없이 효율적으로 싸우려면 서로의 수를 미리 정확하게 읽어야 한다. 호구 자 리가 있으면 수가 하나 늘어난다. 먹여친 돌이 있으면 수가 둘 늘어난다.

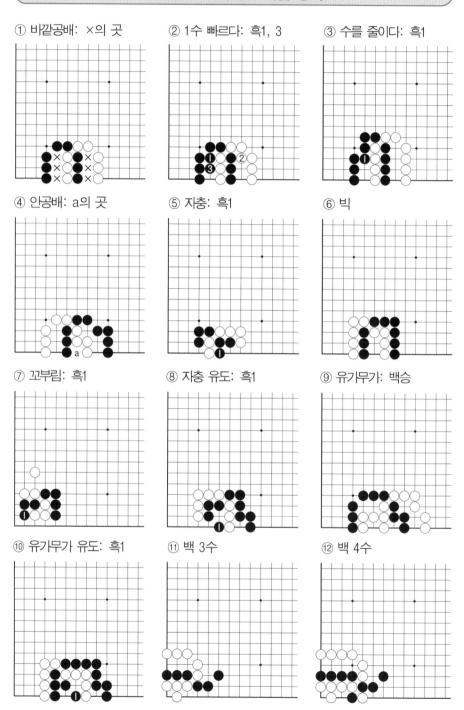

① 바깥공배: ×의 곳

② 1수 빠르다: 흑1, 3

③ 수를 줄이다: 흑1

④ 안공배: a의 곳

⑤ 자충: 흑1

⑥ 빅

⑦ 꼬부림: 흑1

⑧ 자충 유도: 흑1

⑨ 유가무가: 백승

⑩ 유가무가 유도: 흑1

⑪ 백 3수

⑫ 백 4수

생각하며 복습하는 문제

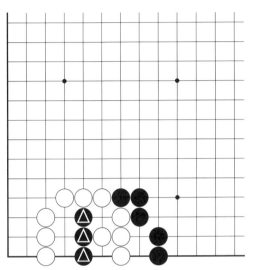

문제 1

▦ 문제 1

이 그림에서 흑▲ 석점이 갇혀있는 모습입니다.

　이 상황을 흑이 수상전으로 유도해보세요. 그러면 수상전의 결과는 어떻게 될까요?

▦ 문제 2

이 그림은 수상전의 양상입니다. 흑이 이기려면 어떤 과정을 밟아야 할까요?

문제 2

253

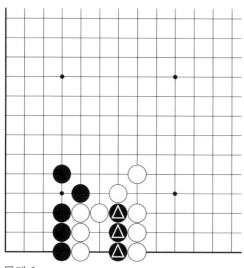

문제 3

▦ 문제 3

이 그림에서도 흑▲ 석점이
갇혀있는 모습입니다. 이 상
황을 흑이 수상전으로 유도해
서 빅을 만들어보세요.

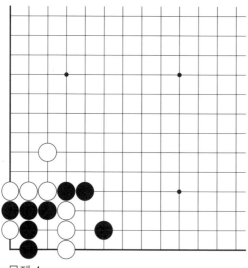

문제 4

▦ 문제 4

귀와 변에서 흑과 백이 수상
전을 벌이고 있습니다.
　흑이 먼저 두면 수상전의
결과는 어떻게 될까요?

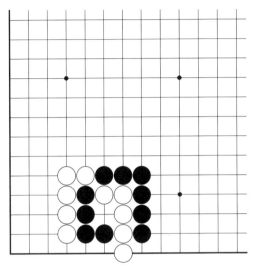

문제5

▦ 문제 5
수상전은 바깥공배부터 줄이는 것이 원칙입니다. 이 그림에서도 과연 그럴까요.

  흑이 수상전을 이기려면 어디에 두어야 할까요?

▦ 문제 6
흑과 백이 수상전을 벌이고 있습니다. 흑은 어디서부터 시작해야 할까요?

  수상전의 결과를 알기 위해 서로 몇 수인지도 따져보세요.

문제 6

문제 풀이

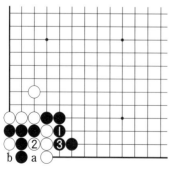

▦ 문제 1 (정답)

우선 흑1부터 끊어야 수상전으로 유도할 수 있습니다. 그런 다음 서로 바깥공배를 메우면 최후에 흑5로 백△ 넉점을 단수쳐서 잡을 수 있습니다. 결국 수상전은 흑승입니다.

▦ 문제 2 (정답)

지금 백a면 흑이 단수 상태입니다. 그만큼 흑이 위급하지요. 따라서 흑은 백의 바깥 공배부터 메울 여유가 없습니다. 다행히 흑1이면 백△ 석점이 단수이지요. 백2로 이으면 흑3으로 백 전체를 단수쳐서 수상전은 흑승입니다.

▦ 문제 3 (정답)

우선 흑1로 바깥을 끊어야 수상전이 됩니다. 그러면 흑▲ 석점과 백△ 넉점이 수상전 양상입니다. 서로 안공배 2개(a와 b)만 남았으므로 수상전은 빅입니다.

▦ 문제 4 (정답)

수상전의 원칙대로 흑1로 백의 바깥공배부터 줄여야겠지요. 백2로 둘 때 역시 흑3으로 줄입니다. 그러면 백은 a에 둘 수 없습니다. 귀의 흑은 집으로 된 b의 활로가 있습니다. 이런 경우도 유가무가라고 하지요. 결국 수상전은 흑승입니다.

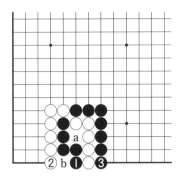

▦ 문제 5 (정답)

흑1은 안공배이지만 상대의 자충을 유도하는 급소입니다. 백은 a와 b에 둘 수 없습니다.

기껏 두자면 백2로 우회하는 것인데, 흑3으로 단수쳐서 수상전은 흑승입니다.

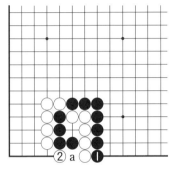

▦ 문제 5 (오답)

흑1로 바깥공배부터 줄이면 백은 2로 젖혀 건너갑니다. 흑은 a에 둘 수 없습니다. 흑이 오히려 자충이 되지요.

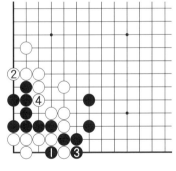

▦ 문제 6 (정답)

우선 흑1로 먹여쳐서 두 눈을 방해해야 수상전이 됩니다.

그런 다음 차곡차곡 수를 줄여 가면 되겠지요. 백4까지 된 다음~

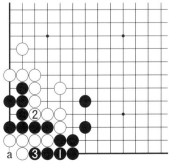

▦ 문제 6 (정답 계속)

흑1로 잇고 3에 들어가서 단수치면 백을 잡을 수 있습니다. 흑이 1수 빠른 수상전이지요. 앞 그림에서 이 그림 a로 잡는 데까지 백은 5수, 흑도 5수입니다. 같은 5수이므로 먼저 둔 흑이 이기는 결과입니다.

| AI 최강 바둑 시리즈 |

최강 입문

인공지능 바둑시대 원리를 알고 파헤쳐 단숨에 바둑 두기! 초급자도 생각의 틀을 잡는 필독 입문서!

01 **규칙편** 264쪽 · 이하림 지음 · 진동규 감수

02 **기술편** 264쪽 · 이하림 지음 · 진동규 감수

최강 정석

인공지능 바둑시대 정석에서 진화된 수법 총정리! 혁신적인 AI의 안목으로 고정관념을 깨라!

01 **화점 기본편** 320쪽 | 이하림 지음 · 김일환 감수

02 **화점 협공편** 276쪽 | 이하림 지음 · 김일환 감수

03 **소목 정석편** 304쪽 | 이하림 지음 · 김일환 감수

최강 포석

인공지능 바둑시대 포석에서 진화된 수법 총정리! 혁신적인 AI의 안목으로 고정관념을 깨라!

01 **화점 포석편** 320쪽 | 이하림 지음 · 김일환 감수

02 **소목 포석편** 320쪽 | 이하림 지음 · 김일환 감수

최강 전투

인공지능 바둑시대 국면을 주도하는 능률적 전투 요령! 혁신적인 AI의 안목으로 고정관념을 깨라!

280쪽 | 이하림 지음 · 김일환 감수

| AI 바둑 핸드북 시리즈 |

바둑 입문

원리를 알고 파헤쳐 단숨에 바둑 두기!

01 **기본 규칙** 160쪽 | 이하림 지음

02 **초보 사활과 수상전** 160쪽 | 이하림 지음

03 **초보 기술과 끝내기** 160쪽 | 이하림 지음

04 **초보 행마와 운명** 160쪽 | 이하림 지음

화점 정석

AI시대 정석에서 진화된 수법 총정리!

01 **3크침입 · 날일자 수비** 176쪽 | 이하림 지음

02 **한칸과 눈목자 수비 · 붙임 · 양걸침** 176쪽 | 이하림 지음

03 **한칸 공격** 160쪽 | 이하림 지음

04 **두칸과 세칸 공격 · 수비 후 공격** 160쪽 | 이하림 지음

소목 정석

AI시대 정석에서 진화된 수법 총정리!

01 **낮은 걸침 이후** 172쪽 | 이하림 지음

02 **높은 걸침 이후 · 외목과 고목의 핵심** 176쪽 | 이하림 지음

화점 포석

AI시대 포석에서 진화된 수법 총정리!

01 **양화점에서 기본과 능률** 160쪽 | 이하림 지음